音楽之友社
音楽指導ブック

こなっしーの
低学年だからできる!
楽しい音楽!

小梨貴弘

音楽之友社

はじめに

　皆さん、こんにちは。「こなっしー」こと、小梨貴弘です。本書を手に取っていただき、ありがとうございます。本書は、音楽之友社の『教育音楽・小学版』に、2017年4月号〜2019年3月号までの2年間にわたって掲載された、「こなっしーの低学年だからできる！楽しい音楽！」の連載記事を再構成し、まとめたものです。経験の浅い先生、特に学級担任の先生でも、楽しく、魅力ある音楽の授業が展開できるようになっていただくために、私が今まで、実践してきたあらゆるノウハウを掲載しました（もちろん、音楽を専門に教える音楽専科の先生や、ベテランの先生にも、参考になることがあろうかと思います）。この本が皆さんにとって、いつも手元に置いておき、低学年の音楽の授業づくりに困ったときに手に取ってヒントを探す……そんなハウツー本の一冊になればいいな、と思っています。

　また、この本には、電子楽器やＩＣＴ機器など「Edtech（エドテック）」の音楽の授業での活用方法や、「ユニバーサルデザイン」の考え方に基づいた授業の構成法や教室環境づくりの仕方など、これからの音楽の授業の中で用いていくべき新しい教育手法にも多く触れています。先人たちによって今まで築き上げられてきた、音楽の授業の「不易」の部分を大切にしながらも、こうした時代の「流行」の中の新しい手法を音楽の授業にも積極的に取り入れ、教育効果を高めていくことにも進んでチャレンジしてほしいと思います。

　音楽の授業で一番大切なことは、子どもたちに「笑顔」があふれていることです。そのためには、何と言っても「授業が楽しい」こと。この一言に尽きます。その実現のためには、まず教師が音楽を感じて楽しむこと、そして、教師が音楽を楽しんでいることを子どもたちにアピールすることです。音楽の知識を伝えることを第一の目的とするのではなく、音楽の「楽しさ」を伝え、学びの基礎をつくることを、特に低学年では大切にしてほしいのです。本書には、そのためのエッセンスが詰まっています。積極的にご活用いただくことで、音楽の授業が、子どもたちの笑顔の花でいっぱいになることを願っています。

目次 Contents

プロローグ　低学年だからこそ「楽しい音楽の授業」を！ ……………………………………… 6

第1章　音楽だ〜いすき！の声が聞こえる、
　　　　低学年の「音楽の授業」づくり

1．授業の流れはサラサラいくよ！ ………………………………………………………… 10

2．「歌うの、だ〜いすき！」を聞くために　〜効果的な「歌唱」の指導法〜 ………… 13

3．普通に歌えば1〜2分！　さあ、どうする共通教材　〜共通教材の扱い方〜 ……… 16

4．「楽器、だ〜いすき！」を聞くために　〜効果的な「器楽」の指導法〜 …………… 19

5．耳を澄まして聴いてごらん！　〜効果的な「鑑賞」の指導法〜 …………………… 22

6．〔共通事項〕の出合いはやさしく！　楽しく！　〜〔共通事項〕の生かし方〜 …… 25

7．授業をパワーアップさせる常時活動あれこれ　〜常時活動の考え方・進め方〜 …… 28

8．子どもの「言葉」は宝の山‼　〜児童の発言への価値付け〜 ……………………… 31

9．子どもがやる気を出す温かい評価法　〜評価の工夫〜 ……………………………… 34

第2章　音楽の魅力に子どもたちを引きつける！
　　　　低学年の「授業環境」づくり

1．みんな違うから面白い！　音楽って楽しいよ　〜さまざまな児童への配慮〜 ……… 38

2．授業中子どもがうるさい！を何とかする　〜授業への集中力を高める工夫〜 ……… 41

3．ＩＣＴ機器を上手に使って授業力アップ　〜ＩＣＴ機器の活用法〜 ……………… 45

4．あると楽しい！　授業お助けほのぼのグッズ　〜授業を盛り上げる教具紹介〜 …… 50

第3章　子どもたちが光り輝く、
　　　　低学年の「音楽発表会」づくり

1. やっちゃえ！　音楽会‼　～音楽発表会を開こう！～ …………………………………………54
2. やっちゃえ！　音楽会‼　～音楽発表会「演奏」のヒント～ ……………………………………57
3. やっちゃえ！　音楽会‼　～音楽発表会「演出」のヒント～ ……………………………………60

第4章　音楽活動を支え合う、
　　　　低学年の「つながり」づくり

1. 学校・学級を支えるみんなの力で、楽しい授業づくりを　～他教師や保護者、地域との連携～ …66
2. 教科を超えて、心を育む学びを目指そう！　～他教科との連携～……………………………69
3. 上級生への憧れが学校の音楽文化をつくる！　～上級生との連携～……………………………72
4. 3年生へのスタートアップ　～中学年への準備～………………………………………………75

音楽授業情報サイト「明日の音楽室」

本書でご紹介している教材（PowerPoint スライド、ワークシート等）の中には、こなっしー作のHP「明日の音楽室」で、ダウンロードできるものがあります。
ぜひ一度、ホームページを訪ねてみてください！
「明日の音楽室」HP アドレス→ https://www.ashitano-ongakushitsu.com

プロローグ 低学年だからこそ「楽しい音楽の授業」を!

音楽の授業はどうつくる? まずは自分が楽しんじゃおう! 〜音楽を教える心構え〜

1── 子どもの今後の人生の「音楽」に対するイメージの原点がこの時期に

皆さんは、自分の小学校の音楽の授業は楽しかったですか? 私は、低学年のこの時期に持つ音楽の授業に対するイメージが、その子どもの一生の中での「音楽」そのものに対するイメージの原点になる、と考えています。この時期の多くの子どもは音楽を学校でしか学びませんので、最初に音楽に対してどのようなイメージを持つかは、学校で授業をする教師の影響が非常に大きいと言えます。

例えば、子どもが必要以上に大きな声で歌ったとします。それに対する教師の声掛けとして、「(笑顔で) 元気がいいねえ、よし、次はきれいな声が出せるかな!」と言われるのと、「(怒った顔で) なんでそんな怒鳴り声で歌うの? もっときれいに歌いなさい!!」と言われるのでは、受け止め方が変わってきますね。低学年の子どもの多くは従順ですので、抗うことはしませんが、先生の放つ言葉をよく聞いており、その言葉の蓄積によって、良きも悪しきも音楽に対するイメージが形成されていくのです。

2── 音楽って楽しい、ということをまず教える

私は、低学年の音楽の授業で一番大切なことは、ずばり「音楽って楽しい!」というイメージを子どもたちに植え付けることだと思います(異論があったらごめんなさい)。上手に歌うこと、鍵盤ハーモニカ等が上手に弾けることは大切なことですが、それはもっと後でも身に付けることができます。しかし、音楽＝楽しい!! というイメージは、心の柔らかい低学年のうちにこそ身に付けておくべきものなのです。

高学年の音楽を担当する先生が苦労する児童の多くは、低学年のうちにこのような「楽しい!」と感じる経験が少なく、「うるさい」「下手くそ」「オンチ」といった、先生の心ない言葉によって音楽に対して悪いイメージを持ち、へそを曲げてしまった場合がほとんどです。

3── 教師自身が音楽を楽しみ、笑顔で歌おう‼

　子どもが「音楽を楽しい！」と感じるにはどうしたらよいか……私は、まずは教師が率先して音楽を楽しんでみせることだと思います。下手でも何でもいい、笑顔で楽しそうに歌ってみせるのです。音楽に合わせて体を揺すって表現してみせるのです。もっと言えば、教師自らその音楽を本気で楽しんじゃうんです‼（笑）。

　低学年の子どもたちはそんな本気で音楽を楽しんでいる先生の姿を見て、音楽の楽しさを感じ取ります。「先生があんなに楽しそうなんだから、音楽ってきっと楽しいんだろうな……」という感じです。プロなんですから、子どもたちの前での羞恥心は捨て去るべき。「教師は五者（学者、役者、易者、芸者、医者）であれ」と言いますが、まさにここでは、教師が「役者」「芸者」になる必要があるのです。

4── 「ゆっくり」「はっきり」「丁寧」を心掛けて

　子どもが楽しいと感じるため、とはいっても、いつも何か笑わせるようなパフォーマンスを教師がする、というわけではありません。低学年の子どもたちにとっては、教科書の内容を学習するだけでも十分楽しいです。指導書等をしっかりと読み、まずは１時間１時間を書いてある展開案通りに丁寧に行ってみてください。ただ、大人の感覚の速度で授業しようとすると、間違いなく時間が余ります。「ゆっくり」「はっきり」「丁寧」を心掛けてください。

　後に詳しくお話ししますが、自分でピアノやオルガンを無理して弾く必要はありません。指導書に付属するＣＤの音源等を流すので十分です。眉間にしわを寄せて鍵盤にかじりつくぐらいなら、むしろ音源を流して、教師が笑顔で歌いながら机間巡視して子どもを観察する方が、子どもたちも教師も幸せですよ！

5——
音楽の時間だけのルールづくりを！
（授業規律の基本）

　楽しいことは大切なことですが、子どもは楽しいと羽目を外そうとするもの。メリハリを大切に、授業の規律はしっかり身に付けなければなりません。学級担任であれば、全ての教科で共通する規律を音楽の授業でも適用させればよいことですが、それ以外に「音楽特有の規律」を設ける必要があります。それは「音」という素材を扱う際の約束事を決める、ということです。音を出してよいときや止めるときのサインを決める、音楽が止まるまでは体を動かしたりしゃべったりしない、「音楽は静寂から始まり、静寂で終わる」という意識を徹底する、等です。

　音楽をきく、という場合の「きく」は、「聞く」ではなく「聴く」であるのはご存じですよね。「聴く」は、より注意深くその音や音楽に耳を傾ける、という意味があります。決して、「ながら聞き」の「聞く」ではないのです。低学年の頃からこれらの規律を徹底していくと、音に対する集中力が高まり、高学年で受け持つ先生の授業運営がとても楽になります。

私も常に全力で「役者」「芸者」のごとく、授業に臨みます

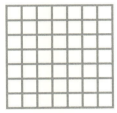

第1章

音楽だ〜いすき！
の声が聞こえる、
低学年の
「音楽の授業」づくり

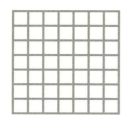

1. 授業の流れはサラサラいくよ！

1──
授業はマグロ？
止まると死んじゃう?!

　突然ですが皆さんは、マグロは海流の中で泳ぎ続けないと死んでしまうのをご存じですか？　授業もこのマグロと同じで、「流れ」が止まってしまうと、子どもたちは気持ちを緩ませ、学習内容から離れていってしまいます。これが、授業中騒がしくなったり、学習効果が薄れたりしてしまう（＝授業が死んでしまう）原因の一つになるのです。
　「流れ」が止まる要因はさまざまに考えられますが、もしそれが教師側の授業構成の仕方や、準備に不手際があるのであれば、潔く見直していく必要があります（このことで騒ぎ始めた子どもたちを責めるのはナンセンスですね）。
　では、こうした「授業の流れ」を止めずに、サラサラにするためにはどうすればよいか、ですが、45分間の学習活動の大枠の時間配分をあらかじめ決めておき、教材研究や教具の準備等を周到に行うことで、「スピード感を持って」「テンポよく」進めることが、やはり王道であると言えます。次から次へと学習内容を提示し、授業を前へ前へと進めていくことで、子どもたちが喋る暇もなく学習活動に取り組まなければなら

第1章●音楽だ～いすき！の声が聞こえる、低学年の「音楽の授業」づくり

ない状況を、自然と生み出していくのです。

　こうした流れを生み出すためには、子どもたちに与える教材について事前によく研究したり、使用するＡＶ機器やＩＣＴ機器の操作を熟知したり、オルガン等を使用して伴奏する場合は十分に練習をしておいたりする等、教師側の地道な準備が欠かせません。大切なことは、このような授業の流れを自然に生み出すことは決して一朝一夕でできるものではなく、教師としての日々の経験やノウハウの蓄積が必要なのだ、ということです。日々の授業の反省を生かし、改善を繰り返していくことで、授業とは少しずつ流れていくものなのです。

2——
授業の構成をパターン化して定着させる

　上記のような「授業の流れ」を生み出すために、授業の構成（時間配分等）をパターン化して定着させる、という方法があります。これは、教師にとってはパターン化によって毎回の授業の大きな流れを考える手間を省くことができるとともに、児童にとってはいつも同じ構成で授業が進むことによって、次に何をするかをある程度予測し、安心して授業に取り組むことができるという、授業のユニバーサルデザイン的な視点でのメリットをも有しています。

　しかし同時にこの方法では、パターンの時間配分が適切でないと、その日の学習の中心がぼやけてしまうという恐れもあります。子どもに「今日は音楽でどんな新しいお勉強をしたの？」と聞いたときに、「○○のお勉強をしたよ！」と明確に返事が返ってくるように、教師はその日の学習目標を達成するための「中心の学習内容」を、しっかり意識して進める必要があります。

【低学年での授業構成パターンの例】

	授業の進行	学習活動の概要	時間
①	歌であいさつ	『はじまりのうた』（簡単な音高遊びを含んだ歌）を歌う	1分
②	常時活動	歌集からその季節に即した唱歌を中心に、1日1曲ずつ歌う ・前時に習った歌を想起して歌う（1回のみ） ・今日の歌を歌う（試聴→範唱に合わせて歌う→通して歌う）	10～15分
③	本時の中心となる学習活動	題材の目標にせまる学習活動を行う（教科書を中心に） ・前時に学習した内容を想起する活動（表現・鑑賞） ・本時の学習目標を達成するための活動（表現・鑑賞）	25～30分
④	振り返り	本時の学習目標の達成度を自己評価する （よくできた！・大体できた・頑張らないと……当てはまるものに挙手する）	1分
⑤	歌であいさつ	『おわりのうた』（簡単な音高遊びやリズム遊びを含んだ歌）を歌う	1分

3——
1年間を見通した
学習計画を

　前述したように、どの教科であろうとも、日々の授業は必ずその日に達成すべき「目標」に基づいて、中心となる学習を決めて、内容を構成する必要があります。1日、1か月、1年間に、何を学んでいくのかについては、国が示す「学習指導要領」を基に、各学校が「年間指導計画」を作成し、指針としていることと思います。それらの扱いは決して形骸化されるべきものではなく、全ての教師がその計画に基づいた学習目標をしっかり意識して授業をするからこそ、その学級や学年、ひいては学校全体の教育レベルが保たれていくのです。

　ですので、教師は時折、年間指導計画に目を通し、自分が行っている授業の内容、進度についてセルフチェックを行う必要があります。計画的に授業を進めていく中で、1年間のどの時期に、どんな内容を学ぶのか、そして、1年間でどんなことができるようになるのかを大きく見通しながら、日々の授業の内容や進度をチェックし、「今日は○○を学習の中心にしよう」としっかりとねらいを定めて授業に臨むことが大切です。

4——
まずは「教科書」の曲を
しっかりと

　1時間の授業の中心となる学習活動については、まず「教科書」に掲載されている教材をしっかりと教えることができるように努力していきましょう。教科書には、全ての領域・分野（歌唱・器楽・音楽づくり・鑑賞）の教材が、バランスよく、系統的に各題材の中に散りばめられています。その内容は、学習指導要領に基づいて6年間を通して総合的に音楽の学力を高めることができるよう、練りに練られてつくられているのです。教科書に必ず掲載されている「歌唱共通教材」の中には、1分にも満たない短い曲もあり、最初は45分の授業の中で子どもたちにどう飽きないように歌わせるか、苦労することも多いと思います。しかし、それらの曲をどう楽しく料理し、音楽の「学び」に結び付けていくかが、教師の腕の見せどころである、とも言えます。教科書会社がつくる指導書や、教え方に関する書籍、インターネット上にある文献などをヒントに、ただ繰り返し歌って終わりだけではない、深い学びに結び付く楽しいアプローチを研究し、実践してみましょう。

第1章●音楽だ〜いすき！の声が聞こえる、低学年の「音楽の授業」づくり

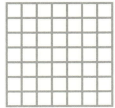

2.「歌うの、だ〜いすき！」を聞くために
～効果的な「歌唱」の指導法～

　低学年の子どもたちは歌うことが大好き！　……でも、小学校に入学するまでの「歌う」経験はさまざまで、入学したての1年生は特に、大きな声＝歌う場面で大人に要求されるよい声、と思いがち（しむけられがち）です。楽しんで歌うことを主眼に置きつつ、高学年で求められる美しい響きのある歌声に向けて、少しずつ「よい歌声」のイメージや歌声の出し方の方向性をそろえていく必要があります。

1──
あくまで「自然な歌声」を
目指そう

　よく勘違いされがちなのですが、よい歌声＝頭声的な歌い方、というわけではありません。民謡などのように、いわゆる「地声」で歌うものもありますし、地域やジャンルによって「よい声」とよばれる発声の仕方はさまざまです。では、低学年に求められる標準的な「よい声」とは何なのか……。

　それは、ずばり「自然で無理のない歌声」であると思います。無理のない、という部分が非常に重要で、頑張って歌おうとする子どもほど歌うときに体の至るところ（顔、喉、首、肩、等）に力が入りがちです。低学年の子どもたちは、話す言葉だけでも十分美しいのですから、「普段の話し言葉に音を付けて、ニッコリしながら丁寧に声を出してみよう」程度の意識付けで十分です。

低学年での歌唱の授業の様子

13

2 ——
「元気な歌」と「美しい歌」を歌い分けよう

私は上記の理由から、低学年のうちから全ての歌を頭声的に歌うよう指導すべきではないと考えています。子どもたちは自由に歌いたいもの。この心情も大切にして、曲想によって歌い方の切り替えをしています。例えば、『ゴーゴーゴー（運動会の歌）』（花岡 恵作詞／橋本祥路作曲）のような曲は、元気よく歌う方が盛り上がりますよね。逆に『もののけ姫』（宮崎 駿作詞／久石 譲作曲）のような曲は、頭声的な発声で歌わないと曲想をうまく表現できません。

このように曲想によって歌い方を変えることを、私は「声のチャンネル切り替え」とよび、二つの歌声を持つことの有用性を、低学年のうちから話すようにしています。この声のチャンネル切り替えを何度も経験していくうちに、子どもたちは自然と曲想に合った歌い方ができるようになっていきます。

3 ——
「怒鳴って歌う」をコントロール

経験上、「大きな声で歌いなさい！」と指示すると、子どもたちは怒鳴るような声で歌うようになってしまいます。音量が必要な場合は、「遠くに響くような声で」や「おーい、と遠くの人を呼ぶような声で」など、言い方を工夫するとよいでしょう。

また、「元気よく歌おう」などと指示をすると、額に血管を浮かべ、顔を真っ赤にして怒鳴りながら歌う子が出てきます。やる気は大切にしたいのですが、明らかにふざけ半分であるようなときは、真面目な顔でしっかりその子の目を見て、「その声は違うよビーム」を送ります（歌っているときは、声の指示が通りづらいので、こうした「眼力」を養うのも教師の力量の一つです。伴奏を止めて「何でそんな声で歌うの！」と怒鳴り、子どもたちが興ざめしてしまうようなことは、なるべくしないでくださいね）。

第1章 ● 音楽だ〜いすき！の声が聞こえる、低学年の「音楽の授業」づくり

4 ——
頭声的な歌声への
気付きのアプローチ

　頭声的な発声の仕方のよい見本は、何と言っても上級生の歌声です。音楽会や音楽朝会で上級生のきれいな歌声が響き渡ったとき、すかさず「今日の◯年生の歌声、きれいだったねえ！　みんなもまねして歌ってみようか！」と指導します（後述しますが、上級生の歌声に憧れを持たせることは、校内に音楽文化のよい伝統をつくり出す上でとても重要です）。

　また、頭声的な発声の仕方のイメージを持たせる際に、私が初めに必ず登場させるのが、「ミッキーマウス」のパペット人形です。低学年の子どもたちでもよく知っているミッキーマウスの日本語の声は、頭声的な発声のイメージを持たせるのにピッタリ。「やあ、ぼく、ミッキー!!」をまねして言ってごらん、と話すと、大抵の子が頭声的な発声（のような声）でまねしようとします。

　上手にまねができたら、すかさず、「いいねえ、じゃあ、その声でヤッホー!!って言ってみようか」と続け、「ホー」と音を延ばす際に声が響く感覚をつかませていきます。そして、簡単な歌を用意し、「じゃあ、今度はこの歌を今の声で歌ってみようか！」と続けて指導していきます。初めは歌声をコントロールできず、音が外れる子が多くいますが、何事も初めはそんなものです。焦らず「いいねえ！」としっかり褒めて、それ以上の深追いはしません（少しずつ経験を重ねていくことで、徐々にコントロールができるようになっていきます）。

　このように、将来の美しい歌声につながる最初のアプローチは、分かりやすく、楽しい方法で始めていけるとよいですね。

5 ——
童謡をたくさん歌おう

　低学年の子どもたちは歌うことが大好きですので、どんな歌でも一生懸命歌おうとします。心が柔軟なこの時期にたくさんの歌に触れることによって、その楽しさや多様性に気付き、もっと知りたい、もっと歌ってみたい、という「歌うことに対する自発的な心情」を養うことができます。また、「季節の歌」をこの時期に多く知り、歌っておくことは、日常生活の中で季節感を感じ取り、自然にその時期折々の歌を口ずさむ、あるいは、自分の子どもにそれらの歌を歌い継ぐ、というような、音楽を通した心豊かな人生を歩む第一歩となるのです。低学年の音楽は、他学年に比べて授業時間に余裕がありますので、教科書の内容だけにとらわれず、ポケット歌集等を活用して季節の歌や童謡を積極的に授業に取り入れて歌うようにしましょう。

　指導する際は、1曲に時間をかけず、常時活動として毎時間数分ずつ取り上げ、1日目音取り→2日目復習・次の歌の音取り……のサイクルでどんどん歌っていくとよいでしょう。

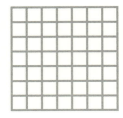

3. 普通に歌えば1〜2分！
さあ、どうする共通教材
〜共通教材の扱い方〜

皆さんは、共通教材の歌の指導にどんなイメージをお持ちですか？ かめばかむほど味が出る共通教材の魅力を知り、試行錯誤を重ねながら、1〜2分で終わってしまうこれらの歌で45分の授業ができるようになったとき、教師として一人前になった（ような？）気持ちになれますよ。さあ、レッツ、トライ!!

1── 共通教材の目的

世界の国々には、各々に昔から歌い継がれてきた歌があります。その歌の対象は、美しい自然の景色や、たくましく生きる動植物の姿を歌った歌であったり、人々の生活の様子や生き方を歌ったものであったりとさまざまです。

日本では、その中でも特に、全ての日本に住む人に知っておいてほしい、歌えるようになってほしい、という歌が、小・中学校の学習指導要領に「共通教材」として定められ、発達段階に応じて各学年に配置されています。ご存じの通り、学習指導要領は法的拘束力のあるものですので、これらの歌は授業で必ず教えなければならないものです。

しかし、これらの共通教材を教えることに難しさを感じる先生も多いはずです。その主な理由としては、
①歌が短く、あっという間に終わってしまい、授業がもたない
②歌が古臭く、子どもたちのノリが悪いと感じる
……などがあると思います。でも、これらの歌には普遍的な「よさ」があるからこそ、こうして歌い続けられているのであり、さまざまな教え方の工夫によってこの「よさ」をしっかり伝えられてこそ、一人前の音楽教師である、とも言えるのです。

2── 低学年の共通教材の多くは「遊び」の中で受け継がれてきたもの

低学年の共通教材を見てみますと、子どもたちの「遊び」を中心とした生活の中で、自然に歌われることを想定してつくられているものがほとんどです。ですので、これらの歌を歌うときは堅苦しく「気を付け」をして歌うのではなく、遊んでいるときのことを思い浮かべながら、手を揺すったり、足踏みをしたり、友達と手をつないで歩いたりしながら、楽しい気持ちで歌うべきです。時には、教室を離れて校庭や体育館などで、実際に遊びながら歌ってみるのもよいでしょう。

第1章●音楽だ～いすき！の声が聞こえる、低学年の「音楽の授業」づくり

まずは教師自身が童心に返り、遊ぶことの楽しさを感じながら、率先して歌ってみせることが大切です。

3 ——
自然や動植物を愛好する心情、美しいものに対する感性を育む「鍵」

素直で、純粋無垢な低学年の間は、歌を通して温かい心やしなやかな感性を育むまたとない機会です。心の底から、自然や動植物を「大切だな、愛おしいな」と感じたり、美しいものを「きれいだな」と感じたりできるこの時期においては、共通教材の歌は、そういった純粋な子どもの心の中を、音楽表現として引き出す重要な「鍵」であると言えます。

共通教材を取り上げて歌う際は、歌う楽しさを感じることはもちろんのこと、心で感じたことを歌で表現するにはどのように歌ったらよいかを、「言葉」にしてクラス全員で共有しながら歌っていくことが大切です。「きれいな声で」「元気よく」「やさしく」「はずんで」……このような子どもたちの少ない語彙の中から選ばれた、つぶやきにも似た貴重な発言の一つ一つを、教師が上手に拾い上げ、交通整理をしながら、クラス全体を少しずつ曲想に合った表現方法に導いていきます（こうした活動の積み重ねは、将来の主体的・対話的で深い学びの礎となっていきます）。

「自然で無理のない声」で歌うことを基本に、時には元気よく、時には美しく声を響かせながら、日本人が愛し、守り続けてきたこれら共通教材の歌を、我々の手でさらに未来の日本人へ歌い継いでいきましょう。

17

4 ——
歌うとなったら価値あるものに

ここで、私が低学年で共通教材の歌を取り上げる際の一工夫の一例を簡単にご紹介します。共通教材の歌がさらに魅力あるものになるように、授業づくりの参考にしてみてください‼

曲名	作詞・作曲者	一工夫の例
うみ	文部省唱歌 林 柳波作詞 井上武士作曲	実際の海の音の音源（もしくはオーシャンドラム）を用意。目をつむり、海の広い景色を思い浮かべながら歌う。教師がわざと切れた感じに歌い、なぜこの歌に合わないのかを考える。
かたつむり	文部省唱歌	かたつむりの家族を登場させ、ママ（3拍子）息子（短調）娘（高速）と、それぞれの個性に合わせた変奏曲を一緒に歌う。その際、何が変わったのかを考え、「音楽を形づくる要素」への気付き、活用の第一歩とする。
日のまる	文部省唱歌 高野辰之作詞 岡野貞一作曲	導入は「国旗国当てクイズ」から。「ああ美しい〜」となる心情を大切に。学校には国旗の他に市町村旗、校旗が揚がっており、それぞれを象徴する歌があることを伝え、校歌→市町村歌→国歌『君が代』につなげていく。
ひらいたひらいた	わらべうた	校庭や体育館などの広い空間に移動し、実際に遊びを楽しみながら歌う。発展的に『おおなみこなみ』『あんたがたどこさ』などのわらべうたも一緒に取り上げられるとよい（安全確保のためできれば補助教員がつくとよい）。
かくれんぼ	文部省唱歌 林 柳波作詞 下総皖一作曲	
虫のこえ	文部省唱歌	「虫のこえ当てクイズ」からスタート。PowerPoint のスライドに虫の写真と鳴き声の音声を入れ、どの虫がどんな鳴き声かを当てる。実際の鳴き声と歌詞との相違を楽しんだり、歌う際に実際の鳴き声を意識したりして歌う、などの活動につなげる。
夕やけこやけ	中村雨紅作詞 草川 信作曲	1番の歌詞と2番の歌詞は何が違うのかを、時間や周りの様子などに着目して考え、歌詞に合った歌い方を工夫する。
春がきた	文部省唱歌 高野辰之作詞 岡野貞一作曲	一通りきれいに歌えるようになったら、歌詞の中で「き」がつく場所を歌わなかったり、手をたたいたりしてみる。同様に「た」や「きた」を抜いて歌ってみる（大爆笑になるので、あくまで最後の「おまけ」的に）。

第1章●音楽だ〜いすき！の声が聞こえる、低学年の「音楽の授業」づくり

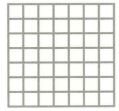
4.「楽器、だ〜いすき！」を聞くために
〜効果的な「器楽」の指導法〜

　　　　　　　　　　　　低学年の子どもたちは楽器の音を出すのがとにかく大好き。音に対しての感受性がとても豊かなこの時期に、いろいろな楽器に親しませることは、「音色」の多様性を知り、将来それらを駆使して豊かな音色を奏でたり、よさを感じながら聴いたりするための鍵となります。

1——
器楽の学習は何より「楽しく演奏！」を主眼に

　低学年で器楽を指導する際に大切なことは、児童が楽器を手にすることによるあらゆる事態をあらかじめ想定し、全ての児童が楽器の演奏を「楽しい」と感じることができるように、指導方法や学習形態、音を出す際のルールに至るまで、綿密に計画を立てて授業に臨む、ということです（これができていないと……確実に教室が楽器の音で騒乱状態になります）。
　そして、教師の基本的なスタンスとして、「楽器を奏でる楽しさを味わわせること」を第一とし、技術の習得ばかりを目標としない、ということを心掛けるべきです。特に鍵盤楽器については、ついつい、「5本の指で」とか「指番号を守って」というピアノを習う際の基本を押し付けてしまいがちですが、公教育ではそれができることはベターであってマストと考えるべきではありません。今まで1本指で弾いていたのが3本指になった……それだけでも大きな進歩！　発達段階や個人の能力に応じて、長い目で、少しずつ成長を見守りましょう。

2——
「音を出す」ルールづくりは徹底する

　音が出るものを手にしたら、思いきり音を出してみたい……それが本来の人間の欲求です。それが抑えられず、楽器を持たせるとついつい音を出してしまうのが低学年。児童に楽器を渡す前に、まず音を出す際のルールやマナーを教え、「楽しい＝無秩序」ではないことをしっかり理解させる必要があります。
　楽器を扱う授業では、子どもが楽器に夢中になることや、教室が大きな音でいっぱいになるため、教師の声が通りにくくなります。つい大声でしゃべりがちですが、喉を痛めてしまったり、イライラを募らせ子どもに不適切に応対してしまったりする原因となります。楽器を演奏する際には、子どもが気付きやすいような「サイン」を用いて、「音を出すのをやめましょう」「楽器をしまいましょう」「立ちましょう」といった

合図を決めるとよいでしょう。

【聴覚によるサイン】——演奏している楽器とは違う音高や音色の楽器の音で合図を送る
（例）・ピアノやオルガンで和音や子どもになじみのある曲
　　　・すずなしのタンブリン
【視覚によるサイン】——教師が喋るのをやめて、視覚的目印によって合図を送る
（例）・ハンドサイン（教師が手でグーを出したら音を止める、等）

　また、児童がルールを決めても従わない場合の理由はさまざまです。ただの不注意や、他の児童の気を引きたいだけ、と感じられる場合には、ルールを守らないことへの厳格な対応（強く指導する、楽器を使わせない）も時には必要でしょう。ただ、そのことで何らかの「心の信号」を我々大人に発している場合もありますので、後で必ず、「何であのときルールを守れなかったのかな？」と1対1で静かに聞いてあげることが大切です。

3——
楽器は学校の「宝物」……取り扱いは心を込めて

　私は、楽器を扱わせるときに、「楽器はただの『物』ではなく、音楽を奏でる『宝物』だよ！」とよく話します。音楽のために作られた、こんなにきれいな音が出る魔法の物なのだから、大切に扱わないといけない、という意識をこの時期にしっかり持たせるのです。たとえタンブリンやすずといった、親しみのある教育用楽器であっても、収納してある箱やカゴから出し入れする際は、両手で丁寧に行わせます。また、楽器を演奏する際は、楽器が「痛い！」と感じないような音量までね、と話します（同じ理由で楽器を「たたく」という言葉は使いません）。

　この「楽器は大切」という意識は、中・高学年となってさまざまな大型楽器に触れる際も、潜在的な意識として生きていきます。楽器は決して安いものではありませんし、学校の備品として末永く、多くの児童に活用してもらうためにも、前述した「ルール」の一つとして低学年から徹底していきたいものです。

4——
「スペシャル楽器タイム」「音楽室楽器探検」でいろいろな楽器を紹介

　低学年が演奏する楽器といえば、鍵盤楽器の他にカスタネットやタンブリン、トライアングル等の小物打楽器が思い浮かぶと思います。それ以外の楽器については、上級生となって音楽室に行き、初めてその存在を知る、ということが多いのですが、せっかく学校にある楽器の音色に、低学年から親しませない手はありません。

　私は、1年生の1学期が終わるぐらいまで、授業の最後（3〜5分程度）に、1日一つ、いろいろな楽器を紹介する時間（スペシャル楽器タイム）を設けています。音楽室には、低学年の子どもたちにとって変わっ

第1章●音楽だ～いすき！の声が聞こえる、低学年の「音楽の授業」づくり

た形の楽器や面白い音が出る楽器がたくさんあります。また、児童が日常生活で使用する道具にはちょっとした工夫で、面白い音を出す楽器になるものもあります。これらの楽器を教室で紹介し、音色に耳を傾ける活動を通し「音への集中力」を高め、楽器に親しみを持たせていきます。

【「スペシャル楽器タイム」で紹介したい楽器たち】
リコーダー、トランペット、ホースホルン、バイオリン、アゴゴベル、カバサ、ビブラスラップ、スライドホイッスル、サンバホイッスル、グラスハープ、等

左上から時計回りにアゴゴベル、グラス（水を入れてグラスハープに）、ホースホルン、スライドホイッスル、サンバホイッスル、カバサ

　また、低学年の児童にも音楽室にあるさまざまな大型楽器に親しんでもらうために、1学期の終わりぐらいに児童全員を音楽室に連れて行き、楽器を自由に演奏させる「音楽室楽器探検」を行っています。音楽担当の先生と相談しながら場を設営し、①音出し・扱いのルールを守る、②たくさんの楽器の音を出す、③好きな音色の楽器を見つける、等を目標に楽しく活動できるとよいでしょう。

【「音楽室楽器探検」で体験させたい楽器たち（小物楽器の他に）】
ピアノ、キーボード、木琴、鉄琴、小太鼓、大太鼓、和太鼓、ボンゴ、コンガ、ティンパニ、ハンドベル、シンバル、ウインドチャイム、等

音楽室楽器体験の様子

21

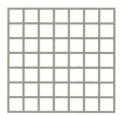

5. 耳を澄まして聴いてごらん！
～効果的な「鑑賞」の指導法～

　　　　　　　　　　将来充実した音楽鑑賞ができるようになるためには、低学年の頃から「耳を澄まして音や音楽を聴く」ことに慣れることが大切です。そのためには、教師による、音に集中するための環境整備と、音楽の世界へいざなう巧みな話術が物をいいます。「よい耳」は一日にして成らず、ですよ！

1——
「聴く」行為の全てが
鑑賞活動

　音楽の授業での「鑑賞」というと、私たちはつい、「何らかの音楽を聴く活動」と狭義に捉えがちです。しかし本来音楽の授業においては、音や音楽に注意深く耳を傾けることの全てが「鑑賞活動」であり、幅広い視点で児童が「鑑賞」する様子を観察する必要があります。例えば、教師の範唱や他の友達の演奏に耳を傾けることも立派な鑑賞活動ですし、自分の出す音に耳を傾けて自己評価したり、（後述するような）身の回りの音や街中の音に耳を澄まして聴いたりすることも、鑑賞活動の一つであると言えます。さまざまな鑑賞活動の中から、子どもたちがそれらの音や音楽に対して、どう感受、思考し、表現に結び付けているか……授業中のあらゆる場面の行動や言動が、鑑賞活動の評価の対象に成り得る、と言えるのです。

2——
音楽鑑賞成功の秘訣は
「環境」「問いかけ」
〔共通事項〕

　良質な鑑賞活動を行うためには、
①児童が音や音楽に集中するための環境づくり
②児童が興味や意欲を持って耳を傾けるような、教師の「問いかけ」
③音を聴く観点を明確にするための〔共通事項〕の活用
　が大切な要素になると言えます。高学年に比べて集中力が持続せず、注意力が散漫な低学年では、特に上記の3点に留意して授業を構成することで、児童が音や音楽に集中して耳を傾け、思考しやすくなります。このことについて、私が普段授業中意識していることをいくつか挙げてみたので、参考にしてみてください。

【鑑賞活動を成功させるためのチェックポイント】
①環境
□音や音楽を聴くための決まりを明確にし、教室内に音楽の開始点であ

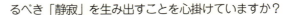

るべき「静寂」を生み出すことを心掛けていますか？
□教室外の音（廊下を歩く音、校庭での活動の音、等）ができるだけ児童の耳に入らぬよう、扉や窓、カーテンを閉めるなどの遮音の配慮はできていますか？
□教室内の児童の視線の範囲内に、意識が向いてしまうような物や掲示物はありませんか（視覚刺激はどうしても聴覚刺激より勝ってしまいます）？

②問い掛け
□子どもたちが「聴いてみたい！」と思うような、導入の工夫がなされていますか？
□どんなことに着目して聴いたらよいかを、明確に伝えていますか？
□音楽の鑑賞へいざなうように、教師自身が声の量や速度に変化を付け、児童の注意を引く問い掛けをしていますか？

③〔共通事項〕
□音色、強弱、リズムといった音楽を特徴付ける要素に着目し、意識して聴いていますか？
□着目した音楽を特徴付ける要素やその変化を言語化し、曲想について理解を深める場面で活用していますか？
□音楽を特徴付ける要素の組み合わせや変化によって、曲想が生まれることを意識していますか？

3── 音楽鑑賞は、まずは分かりやすい標題音楽から

　低学年で音楽を鑑賞する活動を行う場合、音楽からその対象となる事象の様子を思い浮かべやすい、いわゆる「標題音楽」をまず取り上げていくとよいでしょう。自然と体が動き出すようなリズミカルなものであったり、展開に顕著な変化や意外性があったりするような、特徴的な楽曲を取り上げることも、児童が集中力を保ちながら楽しく鑑賞活動を行うための重要な要素の一つとなります。扱いやすい主なクラシック曲の例を下に挙げてみます。

・『おどるこねこ』（アンダソン作曲）
・『シンコペーテッド・クロック』（アンダソン作曲）
・『熊蜂の飛行』（リムスキー＝コルサコフ作曲）
・《動物の謝肉祭》より『象』『森の奥のかっこう』『白鳥』（サン＝サーンス作曲）
・《展覧会の絵》より『卵の殻をつけたひなどりのバレエ』（ムソルグスキー作曲）

4── 時には「音」そのものに耳を傾ける活動を

　新学習指導要領では、生活や社会の中の音や音楽と豊かに関わる資質・能力の育成を目指しています。自分の身の回りや、家や学校、街の中にあるさまざまな「音」そのものに興味を持ち、それらとの豊かな関わりを築いて、生活を豊かにしていくことは、これからの音楽科の新たな役

割の一つと言えます。

　低学年においては、まず身の回りにあるたくさんの「音」そのものに気付き、関心を高めることから始めるとよいでしょう。私が今まで夏休み前後に行ってきた、季節特有の「音」を楽しむ活動をご紹介します。ゲーム感覚で行うことで、一瞬静寂が生まれ、子どもたちがぐっと音に集中する様子を捉えることができますよ（もちろん、冬の音にも応用が可能です）。

【夏の音ビンゴゲーム !!】

①夏を連想させる音と画像をＣＤやインターネット上、あるいは実際に録音・撮影して集める
　集めた音→風鈴、お祭りの音、みんみんぜみ・ひぐらしの鳴き声、蚊の飛ぶ音、雷鳴、花火大会の音、海の波打ち際の音

② PowerPoint 等のプレゼンテーションソフトで、それらの音声や画像をスライドに貼り付け、紙芝居風に仕上げる

③まず、音だけを児童に聴かせ、何の音かを当てる。当てた音の名前を黒板に全て書いておく

④書いた音の名前を児童がビンゴゲームの用紙にランダムに書き写す（マスは九つ程度で）

⑤作成したプレゼンを③とは違う順番で再生し、夏の音ビンゴゲームを楽しむ

（HP「明日の音楽室」でワークシートをダウンロードできます）

第1章●音楽だ〜いすき！の声が聞こえる、低学年の「音楽の授業」づくり

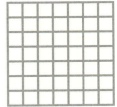

6.〔共通事項〕の出合いは やさしく！楽しく！
～〔共通事項〕の生かし方～

第八次学習指導要領の目玉の一つとして示された〔共通事項〕。低学年においても、この〔共通事項〕を上手に活用することによって、学びが深まるための「支え」や「手掛かり」となります。しか〜し！　教える相手は低学年の児童。教師がいかに易しい言葉で伝えることができるかが、理解の鍵ですよ！

1── そもそも〔共通事項〕とは？

新学習指導要領において〔共通事項〕とは、「表現及び鑑賞の学習において共通に必要となる資質・能力」とされ、次の二つに分類しています。

ア　音楽を形づくっている要素
（ア）音楽を特徴付けている要素……音色、リズム、速度、旋律、強弱、音の重なり、和音の響き、音階、調、拍、フレーズなど
（イ）音楽の仕組み……反復、呼びかけとこたえ、変化、音楽の縦と横との関係など

イ　音楽を形づくっている要素及びそれらに関わる音符、休符、記号や用語

音楽の授業では、このうち「ア　音楽を形づくっている要素」（音楽を特徴付けている要素および音楽の仕組み）の中から指導のねらいに即して必要なものを扱い、児童はそれらを聴き取り、それらの働きが生み出すよさや面白さ、美しさと結び付けて感じ取り、表現および鑑賞の各活動に生かしていきます。

低学年においても、この「音楽を形づくっている要素」を上手に活用することによって、音楽活動中の言語活動を活性化させ、「音楽」そのものへの理解を促進させることができます。ただし、学習指導要領に示されている要素や仕組み、用語やその概念は、低学年の児童にはやや難しいと感じられるものもあり、必要な事柄をより易しい言葉で、丁寧に説明する、あるいは繰り返し用いながら徐々に慣れさせていく、等の配慮が必要です。また、この〔共通事項〕を学ぶこと自体が授業の目的となったり、言語活動ばかりで音楽活動が停滞したりしないように注意しなければなりません。

2 ——
低学年はまず、
存在やその変化に気付き、
言葉で表すことから

　低学年の子どもたちは、この〔共通事項〕の示す内容の存在やその変化にうすうす気が付いていたり、自然と表現したりしていながらも、それらを言葉として表すすべを十分に身に付けていません。さまざまな曲を歌や楽器で表現したり、鑑賞したりする中で、まずは〔共通事項〕が示す内容の存在に気付くこと。そして、どのような言葉を用いて存在やその変化を表したらよいかを知ることから始めるとよいでしょう。具体的には、音の速さには「速い」「遅い」、音の高さには「高い」「低い」、強弱には「強い」「弱い」(あるいは「大きい」「小さい」)等という言葉を用いて表す、ということです。

　ただ、児童の中には、まだこれらの言葉の概念を混同している子もいるので(音高を大きい、小さいと表すなど)、教師がうまくこれらの言葉の交通整理をしながら、〔共通事項〕との出合いを、より分かりやすいものにできるとよいでしょう。

3 ——
学校内で〔共通事項〕に
関する統一した認識を

　できれば、校内で音楽を担当する全ての先生と、この〔共通事項〕をどのように児童に提示し、活用していくかについての共通理解を図っておくとよいでしょう。「音楽を形づくっている要素」の全体の呼び名も、「音楽の素」や「音楽の種」などとさまざまですし、各学年の題材で扱う内容も多岐にわたります。

　年間指導計画に、題材ごとに取り扱う〔共通事項〕を明記し、扱う〔共通事項〕の題材における役割や、学年間の系統性を把握・考慮した上で指導に当たると、より学習の効果を高めることができます。

4 ——
〔共通事項〕との出合い
『かたつむり』の場合

　私が1年生で初めてこの〔共通事項〕に触れるのは『かたつむり』を学習するときです。『かたつむり』の歌は実はかたつむりのパパの歌なんだよ、という奇想天外な呼び掛けから、個性の違うその家族(ママ、息子、娘)に「音楽を形づくっている要素」を変化させた『かたつむり』の簡単な変奏曲を付け、原曲と比べて何が変化したのかを感じ取らせます。

　この学習のねらいは、原曲と変奏曲の違いを感じて楽しんで歌い、何が違うのかをみんなで考え、ふさわしい「音楽を形づくっている要素」の言葉でまとめていくことです。その言葉の組み合わせの違いによって、元の『かたつむり』の歌がママの歌になったり、息子の歌、娘の歌になったりする=曲想が変化することに気付かせます。

家族の名前	性格・状態	変奏曲の特徴	気付かせたい 音楽を形づくっている要素
ママ	ダンス教室に通っている	サンバ風・ノリノリ	リズム・明るさ・速さ
息子(かたつ・むり夫)	宿題を忘れ、ママに怒られる	短調・オクターブ下	明るさ・速さ・高さ
娘(かたつ・むり子)	小さくてすばしっこい	オクターブ上・すごく速い	明るさ・速さ・高さ

第1章●音楽だ〜いすき！の声が聞こえる、低学年の「音楽の授業」づくり

　三つの変奏曲を紹介する際には、かたつむりの親子（！）のかわいらしいイラストを用意します。イラストといっても、普通のかたつむりのイラストにお父さんは「ひげ」を付け、お母さんには太い「唇」と「まつげ」を付け、かたつ・むり夫は目に涙を付け、かたつ・むり子は縮小コピーして小さくすれば、あっという間にでき上がります。黒板に4枚のかたつむりの親子のイラストを貼り、原曲であるお父さんの歌と比べ、他の家族の歌は何が変化したのかを話し合います。予想される回答である「速さ」（速い・遅い）、「高さ」（高い・低い）、「明るさ」（明るい・暗い）という六つの音楽を形づくっている要素が書かれたカードを複数枚用意しておき、話し合う中でイラストの下に貼っていきます。

　悲しい気持ちになっているかたつ・むり夫くんの歌は、お父さんの歌と比べて何が違うのかな？
　音が低い！
　ゆっくりになっているよ！
　落ち込んでいるから音が暗いよ。
　元気に走り回るかたつ・むり子ちゃんはどう？
　すばしっこいからお父さんより速い！
　体が小さいから音が高くなってる！
　音が速く、高くなると、お父さんの歌が、かたつ・むり子ちゃんの歌に変わっちゃうんだね。

　他の児童の考えを頼りに、自分の意見を構築し発表していく……音楽における協調学習の第一歩ですね。今回の授業では、「速さ」や「音の高さ」といった、音楽を形づくっている要素が存在すること、それらが組み合わさって、「曲想」が生まれることに気付くことに主眼を置き、それ以上のことは求めません。音楽の仕組みをみんなで真剣に考え、その面白さに気付く体験ができれば大成功です。最後はまた4曲を楽しく歌って終わりにします。

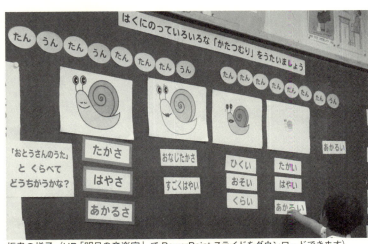

板書の様子（HP「明日の音楽室」でPowerPointスライドをダウンロードできます）

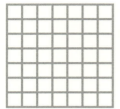

7. 授業をパワーアップさせる常時活動あれこれ
〜常時活動の考え方・進め方〜

1 ──
音楽の授業における「常時活動」の意義

　教科書の内容とは別に、音楽を楽しむための雰囲気をつくったり、音楽の基礎的な能力を養ったりすることを目的に、毎時間繰り返して行われる活動が「常時活動」です。各学校の年間指導計画で設定されている、教科書での学びを中心とした日々の授業の内容は、それだけでも十分に音楽的な力が身に付くようにつくられています。常時活動は、そんな本時の主な内容の学習効果をさらに高めるために、基礎能力を養いながら楽しい雰囲気や気分で学習に臨むための「準備体操」であったり、ちょっと休憩して、音楽という甘いもの（＝楽しいもの）を味わい気分転換を図る「おやつタイム」であったりすることで、いわば「授業のカンフル剤」的な役割を果たします。また、授業のユニバーサルデザイン、という視点で考えれば、毎回同じパターンで常時活動が行われることで、児童が授業の進行をある程度予測し、安心して学習に取り組める、というメリットを持っています。ただ、この常時活動は、あまりにも時間をかけすぎたり、楽しすぎたり（！）すると、本来の「本時の学習目標」がぼやけてしまうデメリットも有していますので、時間を見計らって、コンパクトに行っていくことが大事です。

2 ──
あいさつから常時活動 !?

　授業の始まりや終わりの「あいさつ」は、どの教科でも毎回必ず行っていることだと思います。音楽の授業では、この「あいさつ」からすでに常時活動の一つとして捉え、音楽的要素を盛り込んで、音楽の授業らしい、楽しい始まり方や終わり方にしたいものです（1年生は、初めからだとなかなか難しいので、子どもたちが落ち着く2学期以降がいいと思います）。
　この音楽的な「あいさつ」にはいろいろなやり方がありますが、私が主に低学年の授業の始めと終わりに行っているのは、『はじまり（おわり）の歌』を歌うことです。この歌の素晴らしいところは、歌の途中に聴音やリズム模倣などのソルフェージュの要素が含まれていて、授業の最初や終わりに、楽しくごく自然に音楽的な素養を身に付けることができるところです。ここでは、原曲を一部アレンジしてご紹介します。

・『はじまりの歌』
　前奏の後に元気良く、「はじめましょう、おんがくを〜、はじめのおとは」と歌った後に、教師がオルガンなどで「ド・レ・ミ」「ミ・ファ・

ソ」など、いくつかの音を弾いていきます。子どもたちはそれらの音を聴き、まねして階名で歌います。何回か歌ったら、教師が「さん、はい！」と声を掛け、全員で「できたかな〜、はじめましょう！」と後半部分を歌って終わります。

・『おわりの歌』

基本的にメロディーは『はじまりの歌』と全く一緒です。ただし、終わりは雰囲気を変え、テンポを落として滑らかな伴奏にし、優しい自然な歌声でしっとりと歌います。「おわりのおと〜は」の後は、『はじまりの歌』と同じように音取りをするのですが、やや細かい音符も入れて、リズミカルなものにします。このとき、授業の中で取り上げた曲の1フレーズ（『きらきらぼし』なら、ド・ド・ソ・ソ・ラ・ラ・ソ〜）を入れると、本時の内容と結び付いて、より楽しくなります。音取りをしたら、すかさず「リズムにする〜と！」と続けて、聴き取った音を体のいろいろな部分（手拍子、足踏み、舌打ち、まばたき、指鳴らし、肩たたき……またはこれらの合わせ技）で表現します。隣同士で手を合わせてリズムを打ってもよいでしょう。リズム打ちを楽しんでクラスのみんなが笑顔になったら、教師が「さん、はい！」と声を掛けて、「できたかな〜、終わりましょう〜！」と、フィナーレ風に歌って終わります。

3 ── 授業の始まりは「リズム遊び」で雰囲気づくりから

低学年の音楽の授業では、体をよく動かして、音楽を全身で感じながら活動に取り組むことが大切なのですが、いかんせん他の教科では「体を動かさないで！」や、「よい姿勢で授業に臨みましょう」と言われ続けているので、授業の始めは、どうしても体が硬い状態になりがちです。ですので、音楽の授業の導入では、そんな体の緊張をほぐし、楽しい雰

囲気をつくり出す、「リズム遊び」の常時活動から始めるとよいでしょう。

　「リズム遊び」の常時活動には、いろいろなやり方がありますが、一番簡単なのは、オルガンの「ドラムマシン」の機能を活用し、ドラムの音に合わせてリズム遊びを行う方法です。

①ドラムの音を流すと、大体の児童はそのビート感に合わせて体を動かし始めます（ドラムマシンはいろいろなパターンでリズムを鳴らすことができますが、まずは「8ビート」から始めるとよいでしょう）

②教師は、初めに裏拍（2・4拍目）を4分音符で手拍子をするなどして、子どもたちにまねをするように促していきます

③ある程度できるようになったら、今度は表拍（1・3拍目）に足踏みも入れて行ってみます

④さらに慣れてきたら、2・4拍目の手拍子を8分音符や16分音符にしたり、速さを変化させたりしていくと、大いに盛り上がります

　基本のリズムを楽しんだら、今度はドラムマシンを流しながら全員で言葉やリズムのリレーを行っていきます。最初の頃は自己紹介を兼ねて、自分の名前や好きな食べ物や色を言った後に手拍子を入れて次につなげる、簡単な「言葉リレー」から始めます。そして、慣れてきたら、手拍子で4分音符や8分音符を組み合わせたリズムを即興でつくって次につなげる「リズムリレー」などを行っていくとよいでしょう。

4 ——
「歌集」を使って
どんどん歌う

　学級担任の先生にとっては、教科書の内容を把握し、準備することでさえ大変なのに、音楽の授業時間ごとに新たな「常時活動」を考え出していくことは、負担の大きなことであると思います。また、同じリズム遊び等の活動を何度も繰り返していると、次第に子どもたちが飽きてしまう、ということも起こってきます。そこで、簡単で、継続的に、しかも子どもたちが飽きずに取り組める常時活動をご紹介。それはズバリ、「歌集を使ってどんどん歌う」ということです。歌集には、季節の歌や童謡から流行歌に至るまで、子どもたちが楽しめる歌が数多く掲載されています。これらの中から、子どもの発達段階や取り上げる季節等に応じて、授業2回に1曲ぐらいの割合で新しい歌を歌っていくのです。

5 ——
積み重ねが
感じられる工夫を

　「常時活動」の中には、繰り返して行う中で、その成果を何らかの形で記録しておくと、活動がより楽しくなったり、成就感や達成感を味わうことができたりするものがあります。例えば、上記の歌集の歌を歌っていく活動の場合、目次の曲名やページ番号の部分に印を毎回付けていくと、1年間で相当な数の歌を歌ったことを実感することができます。また、リズム遊びの場合、その日の速さやリレーで止まらないでできた人数などを黒板等に小さく記録していくことで、次時に高い意欲を持って同じ活動に取り組むことができます。

8. 子どもの「言葉」は宝の山!!
～児童の発言への価値付け～

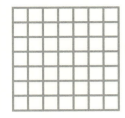

　子どもたちの発想は、大人に比べてとても柔軟で豊かです。そして思い描いたことを知っている言葉で素直に私たちに伝えようとします。もしかしたらその言葉は、その日の授業の成功を左右する重要な言葉なのかもしれません。子どもたちのそんな「良質な発言」を見いだす……それも教師の大切な力の一つです。

1 ——
「音や音楽を言葉にする」ということ

　低学年の子どもたちは、そもそも何かの事象を表現する際に「言葉」を使うことにまだ十分慣れていません。ですので、耳から得た音や音楽の情報を頭の中で処理し、その状況を適切な言葉で表現したり、そこから湧き上がったイメージや心情を、適切な言葉と結び付けて言い表したりするという、「音や音楽を言葉にする」という行為も、初めはなかなかうまくいかないものです。心の中で湧き上がった考えや感情を適切に表現するのに、どの言葉を使うべきかを瞬時に判断し、活用していく能力は、国語科での学習の中心として全教育活動の中で育んでいくものであり、音楽の授業では、音楽活動におけるさまざまな言語活動を通して、その発達の一翼を担うことになるのです。

2 ——
子どもの言葉を上手に取捨選択する「教師の耳」

　言葉の扱いに慣れていない、とはいっても、この時期の子どもたちはとても好奇心が旺盛で、承認欲求も強く、自分が知っている言葉を駆使して、何とか言葉で伝えようとしてきます。それらの発言は、的を射ているものやそうでないもの、あるいは周囲を笑わせるために奇をてらったものなど、内容や質はさまざまです。また、挙手をして発言する場合もあれば、ぼそぼそと一人でつぶやいている場合もあります。大切なことは、これら児童の言葉から、教師がいかにその授業の進行や、学習目標の達成に必要な言葉を上手に拾い上げることができるかです。児童の真意をつかみ、瞬時に判断して学級全体にその言葉の価値を伝えていく……教師にとっては必要かつ重要な指導テクニックの一つであり、その実現のために、教師は児童の言葉を聴き分ける確かな「耳」を養わなければなりません。

3 ——
優れた「発問」が良質の発言を生む

児童の発言から授業に必要な良質な言葉を引き出すためには、教師がまず精選された言葉で、良質な「発問」を行うことが大切です。

例えば、何かの楽曲を鑑賞した際に、「この曲を聴いてどう思いましたか?」と尋ねるのと、「この曲を聴いてどんな景色を思い浮かべましたか?」と尋ねるのでは、返ってくる答えが変わってくるのは容易に想像できると思います。その回答が授業の目標を達成するためにどんな役割を果たすのかをあらかじめ想定し、教師が意図した言葉が生まれやすいようにピンポイントで発問をするのです。

また、良質な言葉を引き出すためには、それなりの思考の時間が必要な場合もあります。例えば、やはり何かの楽曲の鑑賞をする際に、音楽を聴いた後で「この曲を聴いてどう思いましたか?」といきなり尋ねるのと、音楽を聴く前に「曲を聴いた後に、思ったことを誰かに発表してもらいます」と念を押してから楽曲を鑑賞し、その後に「どう思いましたか?」と尋ねるのでは、戻ってくる言葉の質に違いが現れます。音楽を聴きながらゆったりと思考して生み出される言葉の方が、より洗練されたものとなるのです。

4 ——
「音楽を形づくっている要素」の活用のために

音や音楽を言葉で表現する上で、とても重要となるのが、学習指導要領で示されている〔共通事項〕の「音楽を形づくっている要素」の存在です。音楽的な見方や考え方を働かせて学びを深めていく過程において、この音楽を形づくっている要素やその働きを「言葉」として上手に使いこなすことが、上級生になるにつれて多く求められていきます。

低学年の学習では、この「音楽を形づくっている要素」の存在に少しずつ気付かせることを主眼として、かみ砕いた易しい言葉で丁寧に取り上げていくことが大切ですが、同時に、これらの言葉の持つ概念を、よく理解させておかなければならないものもあります。

例えば、音高は普通「高い、低い」という言葉を使って表現しますが、低学年の児童の中には、これらを「大きい、小さい」と表したり、全く別の概念である音の強弱に対して「高い、低い」という言葉を用いたりする児童がいます。これらの児童は、音の高低と強弱の概念を混同している可能性があり、早いうちに両者が違うベクトルを持つ概念であることを知らせ、誤解を解いておかなければなりません。

5 ——
語彙の少なさを支援する工夫

音や音楽を聴いて湧き上がったイメージや心情を、知っている言葉を何のちゅうちょもなく自由に使って表現しようとする児童がいる反面、それらを的確に表す言葉を自分の語彙の中から見つけることができない、あるいは、それらしい言葉を見つけても意味が十分分からず、表現に用いることができない児童もいます。この「心の動きと言葉を結び付ける作業」を、全ての児童がスムーズに行えるようにしていくためには、前述した「音楽を形づくっている要素」の言葉を効果的に活用すること

第1章●音楽だ〜いすき！の声が聞こえる、低学年の「音楽の授業」づくり

の他に、音楽の授業独自の言語環境の整備や、言語的な個別の支援が必要になってきます。

　例えば、音楽を聴く際の言語環境の整備として、音楽の感じを表現する際によく用いる言葉を集め、大きな模造紙等にまとめて掲示したり、プレゼンテーションソフトを利用して大型テレビに提示したりする、といった方法が考えられます。子どもたちがそれらの中から自分に必要な言葉を選び出して、自己の表現に生かせるようにするのです。

（HP「明日の音楽室」から PowerPoint スライドをダウンロードできます）

　ただし、この方法は多用するとかえって逆効果な場合もあります。そこに書かれた言葉しか使わなくなり、言語表現が硬直化する恐れがあるからです。これらの言葉を提示するに当たっては、提示するタイミングや、提示する言葉の数や種類、聴取する音楽との関連性などを十分吟味し、効果的に行うことが大切です。

33

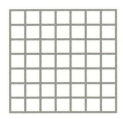

9. 子どもがやる気を出す温かい評価法 〜評価の工夫〜

数値化することの難しい音楽の授業の評価は、教師の「教育評価」に対する考え方や姿勢が試されます。できる、できないは子どものせいではなく、教師の教え方に由来するもの。よくも悪くも、子どもが納得し、明日の頑張りのもととなるような、温かい評価を目指しましょう。

1── 何のために評価するの？

「音楽が専門でもないのに、音楽の評価なんてできっこない……」。授業をすることすら大変だと感じるのに、ましてや評価なんて……と、途方に暮れた経験をお持ちの方もいらっしゃるのではないでしょうか。でも、安心してください。音楽の授業の「評価」は、決して歌や楽器の「うまい、下手」を判定することが主な目的なのではありません。また、授業中同時に歌ったり楽器を演奏したりしている中で、40人もいる子どもたち一人一人の音楽的な資質や能力を見極めることなど、専門に学んできた人であっても容易にできるものではありません。こう考えたらどうでしょう。私たち教師がすべき音楽の授業の評価とは、子どもたちの潜在的な力を見極めるためのものではなく、学校で育成すべき資質・能力を全ての子どもたちに保障することを目指し、授業改善を行っていくための教師側の「努力目標」であると。

例えば、「鍵盤ハーモニカで豊かな表現をする」という目標を立てるのであれば、楽器の構え方、歌口の当て方、息の入れ方、タンギングの仕方、等、目標達成のための手段の伝達が、全ての子どもにとって分かりやすいものであったか、を考えます。できている子が多いのであれば、自分の教え方は適切だった、ということであるし、少ないのであれば、それは子どもに非があるのではなく、自分の教え方に問題があった、と捉えるのです。「できる」「分かる」子どもが一人でも増えれば、教師としての努力が報われた、と喜ぶべきであるし、増えないのであれば、教え方のどこに問題があるのかを考え、改善したり、同僚の先生にアドバイスを求めたりしていきます。このような自己改善を繰り返していくことによって、教師の授業力は向上し、結果的に良質な学習評価へと結び付いていくのです。

2── 音楽の評価は、日々の観察が基本

音楽は、他の主要教科で行われる、いわゆる「テスト」等によって評価を数値化し、客観性を持たせることが難しい教科です。また、プロのオーディションのように、1回きりの演奏等で、評価を決定してしまうようなものでもありません。日々繰り返される授業の中で、子どもの学習の様子を観察して記録し、その積み重ねの中で、身に付けるべき資質・能力への到達度や学習への意欲、音楽活動の中における言語活動の様子などから、総合的に判断して行うべきものです。また、評価をする際には子ども個人を規準とする「個人内評価」の視点を併せ持つことも大切で、各題材の目標への到達だけでなく、日々の記録の中から長期的な伸びを捉え、評価していく必要があります。

子どもへの評価はあなた自身への評価でもあるのです

3 ——
評価のエビデンスを
しっかり示せるように

　保護者の中には、音楽に縁のある方も少なくありません。他の教科同様、我が子の成績に納得がいかず、評価の説明を求めてくるケースも無きにしもあらず、です。そのような場合に、上述した日々の記録簿等を頼りに説明をするのですが、なぜその評価になったのかの根拠（＝エビデンス）を明確に示せなければなりません。他教科のように、テスト等で数値として表れない音楽などの実技教科は、どうしても教師の「主観」に基づいて評価しがちです。経験を積むと、そうした教師の主観の目も徐々に養われていくのですが、経験の浅いうちは、各題材の評価規準に沿ってとにかく評価する機会を多く設け、最終的な評価のクオリティーを高めていくことが大切となります。また、同時に、前学年の担任に授業中の様子を尋ねたり、同学年の担任、あるいは音楽専科の教師に意見を求めたりしながら、評価の客観性を高めていくことも大切です。そして、評価記録の中から、何か一つでも、「この子のここが光っていた」「ここが残念なところ、これからに期待したい」ということを具体的に説明できれば、十分保護者を納得させる材料となり得るのです。

4 ——
さまざまな評価の方法

　日々の授業の中で、児童の学習の様子を記録していくためには、書き込みのできるスペースのある「座席表」を自作し、バインダーなどに挟んで持ち歩き、記録していくのが最もシンプルで有用な方法です。歌ったり楽器を演奏したりする際に、ＣＤなどを使って伴奏を流し、机間巡視をしながら、児童の様子をサッと座席表に記録していきます。また、キラリと光る発言をした際や、逆につまずいて動きが止まっている様子なども随時記録していくとよいでしょう。できるだけ早く記録できるように、また、子どもにのぞかれても分かりづらいように、「◎○」「△▽」「☆」「！」等、自分だけが分かる「記号」を決めて素早く記録していくことがポイントです。そして、授業が終わった後は必ずその座席表を見直し、後で評価をする際に参考となる具体的事項は、言葉で教務手帳などに記録していくようにします。

　また、鑑賞の活動などにおいては、ワークシート等を使い、記述内容から評価を行う、という方法も考えられます。ただし、低学年の場合、語彙が乏しい、あるいは説明文の読解に時間がかかる、等の理由から、作成には注意を払う必要があります。質問文はかみ砕いた言葉で、何を答えてほしいのかを明確に示し、児童の回答する欄は書ききれるように、大きさに配慮することも大切です。また、低学年では言葉だけでなく、音楽を聴いて感じたことを絵に描いて表現したり、音楽に合わせて体を動かして表現したりするなど、直感的なさまざまな表現方法も検討し、その評価も大切にしていく必要があります。

第2章
音楽の魅力に子どもたちを引きつける！低学年の「授業環境」づくり

1. みんな違うから面白い！
音楽って楽しいよ
～さまざまな児童への配慮～

低学年では、「全ての子どもたちに音楽の楽しさを知ってもらう」と考えて授業に臨むことが大切ですが、クラスにはさまざまな個性を持つ子どもたちがおり、最初はなかなかうまくいかないものです。あの手この手を使い、焦らず少しずつ、楽しい音楽の世界へ導いていきましょう。

1——
落ち着かない子にこそ、
音楽の楽しさを

小学校には、さまざまな生育歴を持った子どもたちが入学してきます。それぞれに家庭があり、育てる親が違うのですから、皆一様でないのは当たり前です。また、ADHDや自閉症等に代表される発達障害を持った子どももおり、低学年の指導は年々難しさが増しているように感じます。

こんなさまざまな子どもたちを相手に音楽の楽しさを伝えようというのですから、なかなかに「容易ではない」のですが、音楽の時間では次のような配慮をすることで、その子なりに音楽を「楽しい」と感じるための環境やきっかけをつくることができます。

①「音」に集中できるよう、ユニバーサルデザイン的な発想で教室環境を整備する

「鑑賞の指導法」の中でもお話ししましたが、子どもが落ち着かない原因は教室環境にあるのかもしれません。教室内に子どもの「五感」を刺激し、気を散らしてしまうようなもの（前面の掲示物や窓の外、廊下の物音、等）はありませんか？　教室の「ユニバーサルデザイン化」を進め、環境を改善することで、音や音楽への集中力を高めていきましょう（後述「ユニバーサルデザインの考え方による教室環境の整備」参照）。

②「音楽」と「映像」を融合させた教材を用いる

落ち着きがない子には「ビジュアルシンカー」とよばれるように、視覚優位で物事を捉え、理解する児童も多いです。

また、落ち着きのある、なしに関わらず、低学年の子どもたちはテレビなどの映像情報に対しては、とても集中します（おそらく、「テレビが子守り」という、日本の「家庭の実情」によるものが大きいでしょう）。これを逆手に考えれば、音楽と映像を融合させた教材を用い、耳からだけでなく目からも情報を提示することで、授業への集中力を高めることができる、と言えます。

【音楽と映像を融合させた教材提示の例】
- PowerPointで歌詞やその歌にちなんだ画像をスライドに表示させる
  → PowerPointのスライドには音声ファイルも貼り付けられるので、テレビから音楽を流すことも可能
- 書画カメラ等で教科書を映し、テレビの画面を通して説明する。また、鍵盤ハーモニカの鍵盤部分を映し、指使いなどの確認をする
- 教科書等に付属するようなさまざまな「映像素材」を活用する、等

③CDデッキなどの「音量」に配慮する

　自閉的傾向の強い子の中には、「音量」に対して非常に敏感な児童もいます。みんなで大声を出して歌うような元気な曲などでは、そうした子は音量に我慢できずパニックを起こすこともあります。そのような児童がいる場合、

- 歌う前に一声掛ける、もしくは教室の外に一時的に出す
- 他の児童の気持ちにも配慮しながら、ＣＤデッキなどの音量を調整する

　このような配慮が必要です。後々トラウマにならないためにも、必ずこのような児童がいることを見極め、対処する必要があります。

④「鍵盤楽器」ができない→他の楽器を担当させる

　落ち着きのない児童は、鍵盤楽器が苦手なことが多いです。これは練習するための忍耐力がまだ身に付いていないことや、指を個別に動かすための筋肉や神経が未成熟であることが原因ですが、こうした子の場合、ゆっくりと、少しずつ上達を見守る必要があります。

　でも、時には音楽会など、人前で曲を演奏しなければならない場面も出てくるでしょう。このような場合、こうした児童には別の「簡単な打楽器」を担当させることをお勧めします。子どもたちにとってみれば、どんな小物であろうと打楽器は憧れの存在であり、演奏できることには、ある種の優越感を感じることができます。しかも、鍵盤楽器よりも演奏が簡単、というのであれば、子どもは得意となって取り組み、音楽会では演奏した達成感を味わうことができるでしょう。この「達成感」を味わうことを繰り返していくことで、こうした子たちも音楽が好きになっていくきっかけとなるのです。

2——
「幼稚園・保育園の子とは違うねえ！」を上手に使う

特に1年生は、小学生になった自分は幼稚園や保育園などの「園児」とは違う、お兄さん、お姉さんになったんだ、という自負を持っている子が多いです。この心境をつかみ、よくできたときには、「お、さすが1年生だね。幼稚園や保育園のお友達とは違う！」と声を掛けたり、逆にできていないときには、「あれあれ、この前見た幼稚園、保育園生の方がうまくできていたなあ……」と投げ掛けたりすると、自尊感情が刺激されてきちんとできるようになる児童が多いようです。

また、鍵盤ハーモニカ（後のリコーダー）の歌口をなかなか口から離せない児童がクラスにいる場合は、誰とは名指しせずに、「あれあれ、お口がさみしい人がいるみたいだな」と言って、それが恥ずかしい行為であるという雰囲気をクラスに生み出していくと、徐々にやる子が減っていきます。

3——
他の児童の学習権を考え、時には毅然とした態度を

あの手この手を使って子どもたちに音楽の楽しさを伝えようとすると、時には調子に乗った発言や行動をする子が必ず現れます。そのような場合に、その子や周りの子どもたちは、先生がどのような反応をするかを子どもながらによく見ています。まず重要なのは、そうした発言や行動は基本的に授業の流れに取り入れない、というスタンスを堅持することです。そして、あまりに調子に乗っている場合には、まず無言のまま真剣なまなざしで、相手の目を直視します。先生の持つ眼力が鋭ければ鋭いほど、普通の子どもはここでたじろぎますが、それでもやめない場合は、感情的ではない厳しい口調で指導します。その際は必ず、なぜ指導されているのか理由を明確に示すこと、そして周りの子どもたちには、その子の行為によって楽しいはずの音楽が台無しになってしまったことについて同意を求めることが大切です。クラスの秩序を乱すような発言や行動は、例え楽しい音楽の授業の中でも決して認めない、という教師の毅然とした態度を示しましょう。でも（ココ重要！）、必ず後でその子だけを呼んで、1対1で仲直りをしてくださいね。

2. 授業中子どもがうるさい！を何とかする
～授業への集中力を高める工夫～

「子どもがうるさくて授業に集中しない……何でなんだろう??」教師なら誰でも一度は持つ悩みの一つです。音を扱う音楽の授業にとって、この克服は授業の質を上げるための最重要課題。何とかしないと……!! でも、ちょっと待って。他の何かのせいにする前に、もう一度自分の授業を点検してみましょう。

1── いろいろな原因はあるが……まず自分を疑う

子どもたちがうるさくなる原因はさまざまです。問題を抱える児童個人の行動によるものや、学級内の人間関係、教室環境に由来するものなど、考えられる原因はいくらでもあるでしょう。「○○なんだから、うるさいのは仕方がない」と諦めることは簡単なのですが、その前に……教師は「もしかしたら、原因は自分のやり方にあるのかもしれない」とまず真っ先に考えるべきです。教師は経験を重ねれば重ねるほど、今までのやり方がうまくいかず、思い通りに授業が進まないことを他の原因に転嫁して考えがちです。でも、「いや待てよ、そういえば……」と自分の授業の仕方をもう一度点検してみること、そして、そのときの児童の状況に応じて柔軟に対応していくことが、教師が良質な授業を維持していくために重要なことなのです。このセルフチェックを十分に行った上で、他の原因に目を向けてみる、そうした「謙虚さ」を、教師はまず大切にしたいものです。

2── 音楽の授業でうるさくなる原因を総チェック

次に挙げる項目は、授業中子どもたちがうるさいな、と感じる状況でありがちなことと、その対策などをまとめたものです。セルフチェックの参考にしてみてください。

【教師の教え方に関すること】
☐ 教師の話は長くなっていませんか？ 一方的ではありませんか？
→長話は教師の職業病。話は短く、音楽活動をたっぷりと
☐ 本時の学習の目標は明確で、児童に分かりやすいものですか？
→「今日は何のお勉強をしたの？」に児童がすぐ答えられるように……
☐ 学習方法をきちんと明示していますか？
→何をどうすればできるようになるのかを、具体的に分かりやすく伝え

ましょう

□学習につまずいている児童を把握し、対策を講じていますか？

→全体の目標とは別に、個に応じた柔軟な学習目標を設定しましょう

□児童の小言にいちいち耳を傾けていませんか？　取捨選択していますか？

→揚げ足取りはスルー。光る「つぶやき」を聴き取る耳を持ちましょう

【学習環境に関すること】

□子どもたちの座席配置は適切ですか？

→おしゃべりが起こりにくいような配置を。また、重要人物は適材適所（！）に

□児童の個々の体に合った机や椅子を使用していますか？

→合っていないと姿勢が悪くなり落ち着かない原因となります。すぐ調整を！

□教室の前面に授業に必要のない掲示物等はありませんか？

→視線に入る必要のないものは剥がし、戸棚にはカーテンをする等の工夫を

□光やにおい、廊下からの音、等に気を払い、ドアや窓、カーテンを閉めていますか？

→あらゆる刺激からできるだけ子どもたちを遠ざけ、音に集中できる環境をつくりましょう

【学級の学習規律に関すること】

□発言する際の約束事を決めていますか？

→発言はできるだけ正しい言葉遣いで。挙手をしたら「ハイ！」は一回、等

□音楽の時間だけの、音に関する約束事を決めていますか？

→音を止めるハンドサインや、あるメロディーを弾いたら次の行動へ移るなどの合図を決めましょう

□学級内に間違っても笑わない（許容する）雰囲気がありますか？

→どんな間違いにも寛容で、子どもたちが伸び伸びと表現できる学級の雰囲気づくりを

3 ── 低学年の集中力の限界は20分?!

子どもは大人ほど理性や忍耐力が身に付いていません。ですので、体を動かしたい、何かしゃべりたいなど、「やりたいことをやりたい」欲求が大人よりも強いのです。それを教育の力で少しずつ自己制御できるようにしていくのですが、低学年の子どもが一つの事柄に集中して取り組むことができる時間はせいぜい「20分」までと考えるべきです。例えば45分の授業を、一つの曲だけをひたすら歌う、同じ楽器で吹き続ける、等という構成にすれば、必ず途中で集中力が切れて他のことがしたくなり、ざわざわしてきます。低学年の授業では、この「20分」を一つの活動のタイムリミットとし、子どもの集中力をうまくコントロールして授業を構成する必要があるのです。

第2章●音楽の魅力に子どもたちを引きつける！　低学年の「授業環境」づくり

4── 子どもたちの集中力を保つ工夫

　低学年の子どもたちが集中力を保ちながら45分間の授業を過ごすために、教師がまず考えるべき手段は「授業を細かく区切って、パターン化する」ことであると思います。授業内容をパーツ化し、一つのパーツを20分以内に抑え、子どもたちを飽きさせることなく、次から次へとテンポよく学習を進めていくのです。

　例えば、『夕やけこやけ』を取り上げて歌うとします。1番と2番の歌詞から、場面の情景の違いを感じ取り、歌い方を工夫する、という学習目標を設定する場合、1時間目は範唱を聴いてまずは歌ってみる（20分）、2時間目に歌詞の内容から歌い方を工夫し学習目標に迫る（20分）、3時間目に次の学習課題に移行しつつ、復習も兼ねて再度歌い、学習目標を定着化する（10分）といった感じに、学習内容を日ごとに分散し、深めながら実施していきます。このようなパーツを、その日の学習目標がぼやけることがないように留意しながら、他の活動のパーツと組み合わせることで、1日の授業を構成していくのです。

　また、授業中にさまざまな「メリハリ」をつけていくことも、子どもの集中力を保つためには重要です（11ページ「授業の構成をパターン化して定着させる」参照）。例えば、45分間の中で歌唱のみ、器楽のみの活動をするのではなく、両方取り上げることで意欲の方向を変えたり、歌唱だけを行う場合でも、しっとりした歌を歌った後には元気な歌を取り上げて気分転換を図り、意欲を持続させたりすることなどが考えられるでしょう。また、教師がメリハリをつけて話す（＝声の音高や音量、速さに変化を付けて話す）ことによっても、子どもが教師の話により集中して聴くことができるようになります。

5 ユニバーサルデザインの考え方による教室環境の整備

「授業のユニバーサルデザイン化」という言葉をご存じですか？ 学び難さのある児童がいるという前提のもと、ある程度の個別的な支援や配慮を、最初から学級全員に向けて行う、という考え方です。「音」という、他よりも微細な感覚刺激を扱う音楽の授業では、この考え方がとても重要で、下に示すような視点を基に、音に集中するためのさまざまな配慮をすることによって、学習効果を高めることができます。

【授業をユニバーサルデザイン化するための5つの視点】

すっきり	余分な刺激の排除、合理的なものの配置など、学習に集中できる環境づくりをする
はっきり	学習のめあてを明示したり、発問や指示、表示は分かりやすく端的にしたりするなど、何をするのか整理して伝える
見える化	ビジュアルシンカーに配慮し、ICTなどを活用しながら、目からも理解できるような表示方法にする
つながり	授業の流れ、教材、楽器の扱い方などを全学年で共通化し、慣れた形やもので安心して学習に集中できるようにする
学び合い	主体性を引き出し、互いを認め合い、心から表現し合える雰囲気づくりを行う

上記の視点を生かした主な手立てとしては、①カーテンを閉め、外の視覚刺激（景色、人の動き、日差し等）を遮断する、②教室のドアや窓を閉め、室外からの雑音を遮断する、③教室の前面の掲示は、できるだけシンプルにし、視覚刺激を減らす、などが考えられます（これらが授業の流れや気候の状態などにより臨機応変に行われるべきことは言うまでもありません）。

また、授業規律を確立すること、授業の流れをパターン化すること、学習目標を明示して見通しをもたせることなども、子どもたちが安心して音楽活動に取り組むために大切なことです。

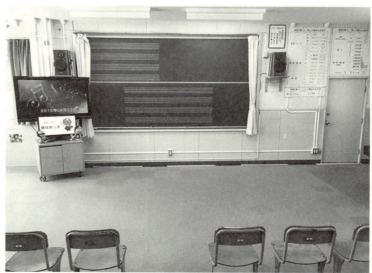

前方をスッキリさせた音楽室の例

第 2 章 ●音楽の魅力に子どもたちを引きつける！　低学年の「授業環境」づくり

3. ICT機器を上手に使って授業力アップ
〜ICT機器の活用法〜

　　授業のＩＣＴ化は、音楽も例外ではありません。パソコンやタブレット、音楽プレーヤーといったＩＣＴ機器を効果的に活用することで、授業をより魅力あるものにすることができます。大切なのは、教師の創意工夫とチャレンジ精神。さあ、できることから始めてみましょう！

1 ── ICT機器を自分の「秘書」に

　ＩＣＴ機器の活用、と聞くと、子どもたちがＩＣＴ機器を使いこなして授業を展開することを想像しがちですが、教師がそれらを活用して授業を展開することで、授業内容をより分かりやすくしたり、教師の不得手な部分を補ったりすることも、上手な活用方法の一つです。音楽の授業で考えてみると、特に学級担任の場合、専門が音楽でないために、自分が歌ったり、ピアノやオルガンを伴奏したりしながら教えることに苦手意識を感じている方も多いと思います。このような場合、教師が怖い顔をして楽譜や鍵盤とにらめっこしながら授業を進めるよりも、伴奏は早々にＩＣＴ機器に委ね、子どもたちと歌ったり、体を動かしたりして一緒に音楽を楽しんだ方が、教える側も教えられる側も幸せになれます。また、ＩＣＴ機器を活用することで、視覚的アピールによって児童の授業への集中力を高めたり、一度作成したデジタル教材をリユースしていくことで、教材研究の時間短縮などの業務改善を進めたりすることもできます。私たち教師が一番大切にしたい、「子どもたちと触れ合う時間」を生み出していくためにも、自分を助けてくれる心強い味方、秘書として、ＩＣＴ機器を音楽の授業でも積極的に活用したいものです。

2 ── 教室のテレビを有効活用

　音楽の授業におけるＩＣＴ機器の活用を進める上で、まずお勧めしたいのが、各教室に設置されている「テレビ」の活用です。地上デジタル放送の開始に伴い、普通教室における大型液晶テレビの設置はだいぶ進んでいることと思います。生まれてからずっと子どもたちを魅了してきたこの「魔法の箱」を、音楽の時間も使わない手はありません。従来もテレビ放送やビデオ、ＤＶＤ等の「視聴覚メディア」を授業で流すといった活用は、盛んに行われてきましたが、今回は、「パソコン」「タブレット」等をテレビに接続して授業で活用する方法、そして、音楽の時間ならではのテレビの特殊な使い方もご紹介します（簡単な例をご紹介しま

45

すが、これらを実践するだけでも、授業でＩＣＴ機器を活用していることを十分アピールすることができますよ）。

【テレビの有効活用法①──画像・映像を表示して雰囲気づくり】

　例えば、『ひらいたひらいた』を歌うとします。１分にも満たない曲ですので、ただ歌うだけだとあっという間に終わってしまいます。そこで、本物の「蓮華の花」の画像ファイルを用意し、テレビに大きく映し出します。すると、「わあっ‼」という歓声とともに、「僕、このお花、見たことがあるよ」とか、「水の上に咲いているお花なんだね！」などの声が聞こえてきます。このように歌の対象への興味を膨らませ、歌い方に結び付けていくことで、より情感豊かに歌うことができるようになります（学習活動の時間を引き延ばすことにもつながります！）。このことは、『うみ』、『夕やけこやけ』など、多くの歌唱共通教材で応用が可能です。

　また、こうした提示は紙でもできますが、パソコンやタブレットに保存しておけば、劣化せずカラフルな画像を何回でも表示できるところがデジタルメディアの利点です。

【テレビの有効活用法②── PowerPoint を使った教材提示】

　歌を歌うときに、慣れない間は教科書や歌集などの本を見ながら歌うと思います。しかし、（特に「立って」歌う場合に）本を持って歌おうとすると、本を持つ位置が下がることで首が絞まったり、姿勢が悪くなったりしてしまい、歌声の質に影響が出てしまうことがあります。できるだけ早いうちに、楽譜から目を離し、よい姿勢で歌うためにも、大きな文字の「歌詞」を教室の前面に提示する、という方法は有効です。今までも、大きな模造紙等に手書きで作るということは盛んに行われてきましたが、書く労力や紙ゆえに劣化していくこと、紙資源の消費を減らすことなどを考えると、ＩＣＴ活用への移行を積極的に進めるべきです。

　歌詞をパソコンなどで提示する場合は、「PowerPoint」等のプレゼン

かたつむり

文部省唱歌

①でんでん むしむし
　かたつむり
　おまえの あたまは
　どこに ある
　つの だせ やり だせ
　あたま だせ

②でんでん むしむし
　かたつむり
　おまえの めだまは
　どこに ある
　つの だせ やり だせ
　めだま だせ

PowerPoint で作った歌詞。イラストの画像等を入れると、より親しみやすくなります
（HP「明日の音楽室」で歌詞 PowerPoint スライドのひな型をダウンロードできます）

第2章●音楽の魅力に子どもたちを引きつける！　低学年の「授業環境」づくり

テーションソフトの活用が便利です。ワープロソフト感覚で、「スライド」とよばれる紙のようなものに歌詞を打ち込んでいきます（PowerPointの場合、縦書きも可能です）。歌詞がスライドに入りきらない場合は、文字を小さくするか、スライドを複数枚作って、歌詞の番ごとに表示するとよいでしょう。教室の後ろの方からも見やすいように、文字は大きめに、太めのフォント（書体）を選びます。また、PowerPointには、音源のファイルをスライドに貼り付けることができますので、テレビから音楽を流しながらスライドを再生、ということも可能です。

【テレビの有効活用法③──ＣＤラジカセなどをテレビにつなぎ、音量をボリュームアップ】

　現在、音楽の授業や学級活動などでは、「ＣＤラジカセ」等の音響機器を使って音楽を流すことが主流であると思います。その際、ラジカセについているスピーカーの音量が弱く、教室の後ろまで音がよく届かない、という状況を経験された方も多いのではないでしょうか。このような場合、ＣＤラジカセについている「外部出力」端子と、テレビの「音声入力」端子をコードでつなぎ、テレビを「アンプ」代わりに使うことで、音を教室の隅々まで行き渡らせることができます。教室に据え付けられるような大型テレビは、一般的にラジカセよりは大きなスピーカーを備えていますので、テレビにつなげて音を出すことの効果は絶大です。音量不足にお困りの方はぜひチャレンジしてみてください。

3──
デジタルオーディオプレーヤー（DAP）を活用しよう

　つい最近まで音楽を聴く、といったらカセットデッキ、ＣＤプレーヤーを使うのが主流でした。しかし、現在は急速にインターネットが普及する中で、デジタル化された音楽を楽曲やアルバム単位で購入し、ダウンロードして聴く、という方法が主流になっています。学校で扱う音楽メディアも、時代の流れに沿い、その利便性を考えてデジタルメディアへの転換を進めていく必要があります。

　デジタルメディアは、カセットやＣＤのように、物質的に劣化して聴けなくなってしまうということがない、という最大のメリットがあります。これは、校庭の砂や黒板のチョークの粉などの埃や、児童が踊る際の振動等によって、メディアがダメージを受けやすい学校では特に有用であると言えます。また、ファイル形式が世界的に共通化されていることにより、パソコンやタブレット、スマートフォン、大型テレビなど、あらゆるＩＣＴ機器で再生できることも、大きな魅力の一つです。

　デジタルメディアを再生するために、現在最もポピュラーな機器が「デジタルオーディオプレーヤー（以下、ＤＡＰと略）」です。手のひらに収まるぐらいコンパクトなのに、ＣＤ何百枚分もの音源を入れることができます。このＤＡＰを上手に活用することによって、音楽の授業の流れを止めずに、児童に寄り添った指導を実現することができます。

※ＤＡＰは、SONYの「ウォークマン」やAppleの「iPod touch」など、

47

単体で商品化されていますが、スマートフォンやタブレット端末にも同等の機能があります。以下に説明する活用法は、それらにインストールできる「ミュージックプレーヤーアプリ」でもできますので、ぜひお試しください！

【デジタルオーディオプレーヤーの活用法①──ＣＤを取り込んで手軽に再生】

　ＤＡＰには、既存のＣＤの音源を機器内に取り込んで再生できる機能があります。この実現には「パソコン」が必要で、一度パソコンのＣＤドライブから音源をパソコン内に取り込み、それらをミュージックプレーヤーに転送する、という手順になります（機種によって手順が異なりますので、説明書やインターネット等でご確認ください）。ＤＡＰに音源を入れることができたら、フォルダー機能やプレイリスト機能を使って、学年や題材ごとに音源をまとめておくと、授業中、即座に再生できて便利です。

【デジタルオーディオプレーヤーの活用法②──児童の実態に合わせて音楽をカスタマイズ】

　市販の音源を授業で使っていると、曲の速度が速すぎ（遅すぎ）たり、調が児童の発達段階に合わなかったりして、歌いづらいことがあると思います。自分でスラスラ伴奏ができる人はサッと速度や調を変えて演奏してしまうのでしょうが、普通はそうはいきませんよね。そんなとき、ＤＡＰのテンポ、キーコントロール機能を使うと、元の音源の速度や調を、（再生しながらでも）即座に変更できます。ただ速度や調が変わるだけだと、歌声や楽器の音色が変になるのですが、速度変化の場合は元の調を、移調の場合は元の速度を維持することができるのが、この機能の便利なところです。2019年5月現在、ＤＡＰでは、SONYなどの一部の機種が標準でこの機能を持っています。また、ミュージックプレーヤーアプリでは、iPod Touch や iPhone、iPad 用には「ハヤえもん」「Anytune」、Android 用には「capriccio」「ミュージックテンポチェンジャー」といったアプリがあり、機器にアプリをインストールすることで機能を使うことができます。

【デジタルオーディオプレーヤーの活用法③──Bluetooth スピーカーを使い、教室のどこからでも操作】

　ＤＡＰ単体では、音がとても小さいので、音を増幅させる必要があります。手っ取り早いのは、教室にあるラジカセや、テレビにコードで接続して、そこから音を出すという方法です。ただ、最近のＤＡＰやスマートフォン、タブレット端末には、「Bluetooth（ブルートゥース）」という無線通信機能があるものがほとんどですので、この機能を活用しない手はありません。お勧めは、Bluetooth 対応スピーカー（販売価格：数千〜1万円程度）を別途購入し、無線で接続してそこから音を出す、と

第2章●音楽の魅力に子どもたちを引きつける！　低学年の「授業環境」づくり

いう方法です。この方法ですと、ＤＡＰを教室のどこからでも操作して音楽を流せるので、「机間巡視をしながら」や、「一緒に踊りながら（！）」など、より児童に寄り添った活動の中での音楽再生を可能にします。ワイヤレスによって児童との距離を縮めながら、音楽をスピーディーに再生できるこの方法は、これからの音楽の授業でのスタンダードになる方法です。ぜひ挑戦してみてください!!

4──
　ＩＣＴ機器を使うなら……
　周到な準備と練習を！

　ＩＣＴ機器は、授業をより魅力あるものにしたり、授業の手助けをしてくれたりと、工夫次第で教師の優秀な「秘書」になってくれると述べました。実際にＩＣＴ機器を活用できるようになると、その便利さゆえに手放せなくなるものです。しかし、ＩＣＴ機器と本物の秘書との大きな違いは、何かトラブルがあったときに、全く機転を利かせてくれないことです。前回まで何の問題もなかったのに、急に動かなくなる、ということは機械ゆえにあり得ることです。機械にトラブルはつきものであることを常に念頭に置き、ある程度の対処法（再起動する、サブ機を常に用意するなど）を事前にしっかり把握、準備し、授業中の操作でトラブルが起こったときも落ち着いて行動できるようにしましょう。

4. あると楽しい！
授業お助けほのぼのグッズ
~授業を盛り上げる教具紹介~

　低学年の子どもたちは、かわいいものや面白いものが大好き。お人形や玩具など、ちょっとした小道具を用いることで、子どもの心を引き付け、授業を大いに盛り上げることができます。
　選ぶときに大切なのは、学習内容の理解や、演奏技術の向上に生かせるもの、あるいは何らかの目標を達成した際に、達成感を演出するものなど、音楽の授業内容に結び付くものを選ぶことです。
　私が使っている小道具のいくつかを紹介しますが、あくまで参考ですので、買い物に出かける際などにもアンテナを高くして、先生だけの素敵な授業の小道具を見つけてくださいね。

1──
「技能イメージつかみ」系

　子どもたちが歌や楽器の技能を身に付ける際に、その方法を分かりやすく伝えるために使うグッズです。例えば、この「ものまねキュウちゃん」。これは、本来は人の声などをマイクで拾って録音し、口ばしを開けたときに高い声でまねをしてくれる、という玩具なのですが、授業で歌う際に、「このキュウちゃんみたいに目をパッチリと開けて」とか「キュウちゃんが声を出すときに上の口ばしを開けるように、みんなも上の歯を上げるように歌ってみようか」と声掛けすることで、響きのある歌声をつくる際のイメージづくりにも生かせることが分かりました。録音された声が、九官鳥のように甲高い声で再生されること自体に子どもたちは大爆笑なのですが、「実はね、こんなキュウちゃんだけど、歌を上手に歌うために大切なことができているんだよ〜」と話すと、子どもは興味津々で聞いてくれます。

ものまねキュウちゃん

第2章●音楽の魅力に子どもたちを引きつける！　低学年の「授業環境」づくり

2——「テスト盛り上げ」系

　授業中に、学級全体のモチベーションを高めるために、「テスト」や「本番タイム」などと名付けて、クラス全体の歌声や楽器演奏について、その出来栄えを教師が判定して子どもに伝えることがあるかと思います。その際に用いると効果的なのがこれらのグッズです。どちらも、有名なテレビ番組で使用されているものを模した玩具なのですが、本物と同じように音が出たり、テレビにつなぐと番組で使われる映像と同じ映像を流せたりするので、まるでテレビ番組に出演しているかのような気分で、教師の判定をドキドキしながら聞くことができます。判定の際は、これらのグッズを使って楽しく演出し、「合格」のときには、演奏のどんなところが良かったのかを、そして、「不合格」だったときは、どんなところを改善していけば合格になるのかを、子どもたちが納得するように説明してあげます（実際の演奏を録音・録画するなどして視聴し、説明してあげるとよいでしょう）。

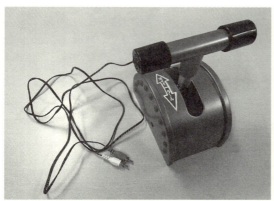

「人生が変わる1分間の深イイ話」心のレバー

「新！仮装大賞」パネル

3——「教室装飾」系

　音楽の授業のためだけに、教室の飾り付けをする、というのはあまり想像がつかないと思いますが、例えば、「春」という季節に関連する歌を歌うときに、100円ショップで売っている、「桜の枝の造花」等を黒板の脇に飾るだけでも、春の雰囲気を出すことができると思います。また、もっと簡単な方法は、テレビにパソコンをつないだときに映るデス

テレビに壁紙を表示

クトップの「壁紙」を、季節ごとにその季節を象徴する絵柄や写真に変えたり、音楽の授業のときだけ、音符などが描かれたものに変えたりすることです。マンネリ化しがちな1時間1時間の授業に、このようなちょっとした変化を加えることで、子どもたちの意欲を引き出すことができます（写真は、クリスマスシーズンにテレビに表示する壁紙です）。

4 ——
「何だこりゃ」系

何らかの原因で学級の雰囲気が沈んでいるときに、子どもたちのテンションを上げるために用いるのが、「何だこりゃ」系のグッズです。特に大きな教育的効果（？）はないのですが、子どもを笑顔にし、音楽をしよう！という気持ちにさせたいときに使います。

例えば、この「まねっこチンアナゴ」。先ほど紹介した「ものまねキュウちゃん」のように、人が話した言葉や歌を録音して、まねしてくれるのですが、そもそも「チンアナゴ」がまねをする、というあたりが謎（！）であり、体を揺すって声などをまねしてくれるのがとてもかわいらしいのです。子どもたちも、その愛くるしい動きにすぐに笑顔になり、教室が和やかな雰囲気に包まれます。子どもたちの笑顔を取り戻し、音楽を楽しむ雰囲気をつくり出したいときの頼もしいグッズです（できればこうしたグッズも、「音」や「音楽」に結び付くものを選ぶとよいでしょう）。

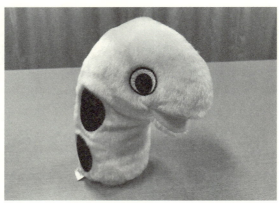

まねっこチンアナゴ

いかがでしたか？　こうしたグッズは、誰かに紹介されたものを使うだけではなく、自分がつくりたい授業のイメージに合わせ、自分で探し出していくものです。街中に買い物に出かける際は、時々このようなグッズを見つけ出す視点で、お店に並んでいるものを眺めてみてください！

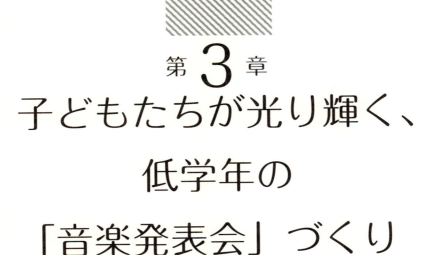

第3章
子どもたちが光り輝く、
低学年の
「音楽発表会」づくり

1. やっちゃえ！　音楽会!!
～音楽発表会を開こう！～

　　　　　　低学年の子どもたちは、家族や友達など、人前で音楽を通して自己表現できる機会をとても楽しみにしています。こうした機会でクラス全員の子どもを輝かせ、聴いている人たちも大満足！の発表を実現するには、周到な準備と工夫が不可欠……。さあ、ココが低学年担当教師の腕の見せどころですよ～！

1── 「発表する」機会を大切に

　音楽は「時間芸術」ですので、図画工作とは違い、流れる時間の中で作品が生まれていきます。絵の作品ができたら廊下に掲示する、と同じように、音楽も練習してきた成果を「作品」として発表する機会を大切にしたいものです。学校では行事の精選が叫ばれ、子どもたちが楽しみにしている行事までもが削減の対象になっている昨今ですが、音楽という教科のこうした特性を踏まえ、校内外の音楽会、音楽朝会、授業参観といった発表の機会は、子どもたちの成長のターニングポイントと捉え、ぜひ大切にしていくべきです。

　また、子どもたちには、音楽は目に見えない一瞬一瞬が作品となっていくこと、そして、どんなに練習しても本番は一度しかなく、そこでどんな演奏が生まれるかは神様だけが知っている……。それが音楽の醍醐味であることなどをその都度話すとよいでしょう。本番に最高のパフォーマンスで演奏できる！　こうした音楽的な集中力を持った児童を、ぜひ低学年のうちから育てていきたいものです。

2── 「伝えること」を大切にする音楽発表会に

　私は、「音楽会」に代表されるような、学校で音楽を発表する機会は、これから教育課程の精選がいかに進もうとも、なくしてはならない行事の一つだと考えています。学級や学年などの大人数が、協働的に音楽をつくり上げ、その喜びや達成感を味わうことができるこうした体験は、自発的な参加を除けば一生の中でこの時期にしかできないことであり、決して A.I. にはまねできない、「人間らしさ」を養うことにつながると考えるからです。

　そして、これらの発表会は、子どもたちの普段の授業での音楽活動の成果を、保護者や地域の方々に披露できる絶好の機会でもあります。自分の子どもが頑張って演奏している姿を見れば、聴きに来る保護者はそ

第3章●子どもたちが光り輝く、低学年の「音楽発表会」づくり

れだけでも十分満足することでしょう。しかし、演奏する側が「音楽を通して伝えること」をしっかり意識して取り組んでいないと、聴いている側はただ漠然と演奏を聴くだけ、演奏する子どもたちは、頑張っている姿を見せようと思うだけ、指導する教師は、保護者の前で子どもに恥をかかせないように指導するだけ……というような低いモチベーションで臨むことになり、それだけでは、開催する意義が十分感じられる音楽会にすることはできません。

では、「音楽を通して伝える」とはどういうことかといえば、それは、楽曲から何かを感じ取って生まれた心の動きを、相手に伝わるように音楽で表現する、ということだと思います。子どもたちが演奏する楽曲の多くは、家族との絆、友達との友情、自然や動植物の神秘や美しさ、災害や環境問題、といった何らかの「テーマ」を持っています。楽曲を通して作者が伝えたいこうしたテーマに目を向け、感じたこと、心に思い描いたことを、音楽的な見方・考え方を働かせながら、聴いている人たちに伝わるように表現するのです。演奏する子どもたちの、こうした楽曲に対する心情が、演奏を通して聴く人たちの心に届いて共鳴したとき、音楽会はより大きな感動を呼び起こす、本当の意味での「音楽会」になるのだと思います（楽曲を選んだり、演出を決めたりする際の参考にしてください）。

3── 低学年は何をやってもかわいい！ が、しかし……

小学校に入りたての低学年、特に１年生は何をやらせてもそのしぐさはかわいらしく、ほほえましいものです。多少演奏が荒くても、「ご愛嬌」で済ませてくれるだろうと思いがちですが、最近はどうも様子が変わってきました。

それは、「幼稚園・保育園での音楽会、あるいはお遊戯会での演奏や演出のレベルが、必要以上に高くなってきている」ということです。例えば、先日ある幼稚園の音楽会のビデオを見たところ、年長組が『マイ バラード』（松井孝夫作詞・作曲）を歌っていました。元々中学校で盛んに歌われている曲です。また、以前参観した自分の息子の幼稚園のお遊戯会では、衣装の派手さ、完成度の高さに驚かされました。作っている方々（先生？）はさぞかし大変だろうに、と思ったものです。保護者はそのような幼稚園や保育園の日々進化する音楽会やお遊戯会を見てきているため、進級先の小学校にも大いに期待している、と思ってよいでしょう。

しかし、小学校が幼稚園や保育園と決定的に違うところは、「行事にかける時間が限られている」ということです。限られた時間の中で、どのように見栄えや聴き応えのある音楽発表会にするかは、教師のアイデアにかかっていると言えます。

55

4 ——
聴衆を演奏に引き寄せ、マナーを自覚する音楽会に

　聴衆が「音楽会」に来ていることを自覚し、マナーを守って真剣に聴こう、と思うようにするためには、上述したような選曲や演出の工夫もさることながら、会の進行や演奏する環境などに対する教師側の配慮も重要となります。

　例えば、演奏の指揮をする教師は演奏が始まる前、客席にお辞儀をして児童の方を向いた際に、客席が静かになるまで演奏を始めない、ということを意識しているでしょうか？　いつまでも静かにならないようなら、振り返って指で「シーッ！」と合図して聴衆に沈黙を促し、静寂が生まれるのを待つべきです。また、演奏する場所の明るさ、温度、客席の配置などには、演奏に集中するための最大限の配慮がなされているでしょうか？　必要に応じて、遮光する、窓を開けて空気を入れ替える、休憩を入れて気分転換を図る、といった工夫も必要でしょう。また、聴衆の気が散り、不快な思いをしがちな、カメラやスマートフォンの取り扱いには、きちんと決まりを設けているでしょうか？　自席から後ろの人に迷惑がかからないように撮る、あるいは撮影ゾーンを設け、そこから撮影する、そして、電話機能はマナーモードに設定する、といった約束事を事前に周知しておく必要があります。

第3章●子どもたちが光り輝く、低学年の「音楽発表会」づくり

2. やっちゃえ！　音楽会!!
～音楽発表会「演奏」のヒント～

1── 計画的で無理のない練習を

　校内音楽会などの発表の機会はとても大切ですが、かといって年間指導計画そっちのけで、本番の日のかなり前から音楽の時間をその練習ばかりに割くのは考えものです。教科書に沿った各学年の指導事項はしっかりと押さえつつ、子どもたちのモチベーションをしっかり保ちながら本番を迎えられるよう、計画的に練習を進めましょう。経験上、器楽演奏の方が曲の完成度を高めるのに時間がかかりますので、鍵盤楽器等を使用する場合は、楽器の使用を始める時期や、教科書を使った習熟練習の進度等を、本番に使用する楽曲の難易度を考慮しながら決定していくとよいでしょう。

　また、演奏曲については、学年の先生方や音楽担当の先生とよく相談し、少なくとも本番の日の2か月ぐらい前には決定しておきましょう。「今年の子どもたちはとても活発なので、元気のいい歌を歌いたい」「上級生の声に興味を持っている子が多いので、柔らかい声で歌う曲にしたい」というように、子どもたちの発達段階や実態に合った楽曲を選ぶべきです。同時に、演出を加える場合は、
①選んだ曲にテーマやストーリー性を持たせるのか
②セリフや振り付け等、演奏以外の要素を含ませるのか
③衣装や照明など、視覚的効果も加えるのか
などについても早めに話し合っておくとよいでしょう。

2── 楽器担当の児童の選び方（↑コレ重要！）

　本番の演奏が成功するかどうかは、まさにこの点にかかっている、と言っても過言ではありません。低学年の場合、よほど音楽的に優秀な児童がそろっていない限り、「この楽器やってみたい人〜！　ハイ、じゃんけん」でランダムに楽器を決めるのは、やめた方が無難です。普段の授業での様子をよく観察し、その子にふさわしい楽器を教師が決めていく方が、後々教師も子どもも幸せになれます。

　まず、合奏をする上で最も重要な速度や拍感を生み出す楽器（大太鼓、小太鼓）には、クラスの中でも特に信頼できる児童を選びます。この子たちは、ピアノの経験の有無よりも、リズム感や責任感があるかどうかが重要です。

　次に、鍵盤打楽器（木琴、鉄琴）やオルガン、キーボード等には、音楽教室に通っているなど、ある程度楽譜が読める児童に担当させます。

57

出版されている合奏の楽譜は、これらのパートに旋律楽器よりも難しいフレーズを担当させている場合が多いので、該当する児童がいない場合は、楽譜を演奏しやすいように手直しするなどの工夫が必要かもしれません。

　また、小物リズム打楽器（タンブリン、カスタネット、すず等）や一発物の打楽器（シンバル、ウィンドチャイム等）には、鍵盤楽器が苦手だったり、指導上配慮を要したりする児童を当てるとよいでしょう。これらの楽器は旋律楽器に比べて演奏が容易な上に、みんなが演奏する楽器以外の楽器が演奏できる、という優越感（？）を味わうことができ、選ばれた子どもはとても喜びます。また、演奏の成功体験が、他の楽器の苦手意識の軽減にもつながります。多少演奏に危険を伴う（！）こともありますが、子どもたちの未知なる能力の開花を信じ、このような機会を積極的に活用していきましょう。

3 ——
子どもに伝わりやすい
指揮法

　まず、指揮者が指揮棒を使うか使わないかですが、本来指揮棒とは、大人数で演奏をする際に、指揮の視認性を高めるために使用するものです。会場の広さや演奏する人数にもよりますが、指揮をする先生が小柄な方であれば、隅々まで指揮が見えるように、指揮棒を使うべきですし、（私のように）大柄な方であれば、指揮棒を持たず、手だけで指揮をしても十分見えるでしょう。

　指揮の振り方は曲想にもよりますが、基本は指揮の打点（ボールが落ちて跳ね返る点のイメージ）をしっかり表し、拍感を出すことで児童が曲の速度を感じやすくすることです。右手を使い、胸の前中央付近で指揮をし、左手は必要に応じてクレシェンド（手のひらを上にして腕を上げる）やデクレシェンド（手のひらを下に向けて腕を下げる）、音の入りや音の終わりの合図の表現を行います。足はできるだけ開かず、ひざは折り曲げない方が、指揮をしている姿が格好よく見えます。緊張するとは思いますが、できるだけ体の節々の力を抜いて、柔らかい表現を心掛けてください。

　また、重要なのが指揮者の表情です。まずは教師がしっかり笑顔をつくって、子どもたちの緊張をほぐすよう努めることが大切です。特に歌唱曲の場合は、できることなら指揮者も声には出さずに一緒に口を動かして歌い、子どもたちが指揮を見ながら安心して歌えるようにしましょう。

4 ——
子どもが安心できる
伴奏法

　たくさんの人たちの前で演奏すると、普通は誰でも緊張するものです。特に、経験の少ない低学年の児童は、緊張や興奮のあまり自分が歌ったり演奏したりすることだけに夢中になり、周りの音が耳に入りづらくなります。伴奏者は、このような児童の心理をあらかじめ想定し、子どもたちの隅々まで伴奏が聞こえるよう、音量を大きめに、はっきりと演奏すること、あるいは、子どもたちの演奏に注意深く耳を傾け、伴奏の速度を微調整することなどを心掛けなければなりません（子どもたちの声に合わせ、心の中で一緒に歌いながら伴奏すると、音がずれにくくなります）。また、体育館などの広い空間では、生音だけでは音が届きづらいので、ピアノ付近にマイクを設置して、伴奏の音量を増幅する工夫も必要でしょう。

3. やっちゃえ！ 音楽会‼
〜音楽発表会「演出」のヒント〜

**1——
低学年らしい
素敵な演出を**

　低学年の音楽発表会で、教師を一番に悩ますのはおそらく「選曲」です。教科書などに掲載されている曲で、子どもたちが演奏できそうな曲には限りがあり、どうしても毎年同じような曲を選びがちです。しかし、同じ曲を選んだとしても、衣装やストーリー性を持たせるといった、「演出」に工夫を凝らすことでオリジナリティーが生まれ、素敵な発表にすることができます。

　低学年の演奏できそうな曲（特に合奏曲）は、そのまま演奏するとあっという間に終わってしまいます。それらの曲に演出を加えるお勧めの方法は、拍子や調、リズムを変えるだけの簡単な変奏曲をつくり、付け加えてしまうことです（伴奏もごく簡単なもので十分です）。そして、その変奏曲ごとに家族や友達といったキャラクターを設定し、発表全体を物語風にしてしまうのです。音はほとんど同じなので演奏が楽な分、子どもたちは一つ一つの変奏曲をまるで別な曲のように、表情豊かに演奏できるようになります。

【教科書に載っている『きらきらぼし』に変奏曲を加えて演出する例】

> 発表のタイトル→「いろんな☆をみつけたよ」
> ①きらきらぼし……教科書に載っている普通の『きらきらぼし』（主人公）
> （以下、きらきらぼしの家族・友達）
> ②うきうきぼし……4分の3拍子。ダンスが大好き
> ③めそめそぼし……短調（ミ・ラに♭を付ける）。ママに宿題忘れを怒られる
> ④ちびくりぼし……オクターブ上。きらきらぼしの弟。まだ1歳
> ⑤ノリノリぼし……8ビート付き。となりの家のミュージシャンのお兄さん
> ※ ①→②→③→④→⑤と鍵盤ハーモニカで演奏した後、最後に合奏で①を演奏する

第3章●子どもたちが光り輝く、低学年の「音楽発表会」づくり

2——
おそろいの衣装や
振り付けで楽しく演出

　演奏する曲にちなんで何らかの衣装や飾りをそろえることで、演奏に華を添えることができます。手作りでもよいのですが、最近は100円ショップでも演出に使えるような質の高いパーティーグッズがありますので、準備時間短縮のためにこうしたものを使うのも手です。

　また、演奏の途中でステップを踏む、手拍子をする、あるいは演奏の最後に同じ方向を指差してキメのポーズをつくる、等、子どもたちが楽しく、簡単にできるような動作を付けるのも、かわいらしさやかっこよさを演出するためにぜひ取り入れたいものです。

3——
時には教師も体を張って

　低学年の発表では、教師が指揮者や伴奏者として演奏に加わる、ということも多いかと思います。ココは担任教師として、「全力で子どもたちと向き合っています！」感や、「子どもたちに常に寄り添っています！」感を、聴衆（特に保護者）にアピールする絶好の機会でもあります。中には、指揮を振るだけでも真剣勝負（汗……）、という先生もいるかもしれませんが、そのような状況であっても、指揮者としての演出上の一工夫で、演奏を温かく、和やかなものに変えることは可能です。

　例えば、先ほど紹介した『きらきらぼし』を演奏するとします。子どもたちは各々が描いた星のお面を頭に着けて演奏します。そこで、指揮をする教師が、真っ白のドレスに星の付いた指揮棒を持って出てきたらどうでしょう。児童も聴衆もニッコリ笑顔が生まれ、会場が和やかな雰囲気に変わりますね（主役はあくまで「子ども」ですので、やり過ぎには注意ですが……）。

4——
スペシャルゲストを迎えて
ボリュームアップ

　私が『きらきらぼし』を音楽会で取り上げたときは、「ノリノリぼし」のところで、ドラムが得意な教頭先生に登場してもらい、かっこよくリズムを刻んでもらいました。また、最後の合奏では、6年生の吹奏楽部のメンバーにも登場してもらい、一緒に演奏しました。このように、校内のさまざまな「ミュージシャン」に協力してもらい、一緒に演奏するというサプライズを設定するというのも、面白い演出方法の一つです。この場合もやはり、早めに相手に趣旨を伝えてお願いをし、一緒に練習する時間を確保するのが成功の秘訣です。

5——
既存曲を素敵にアレンジ

　低学年の教科書に掲載されているような楽曲は、歌唱、器楽共に普通に演奏したら1分程度のものがほとんどです。原曲に簡単なアレンジを加えて「変奏曲」をつくり、楽しい演出を入れながらつなげていくことで、子どもたちに大きな負担をかけることなく、ボリューム感のある発表にすることができます。

　先ほど、『きらきらぼし』をアレンジして演出する例をご紹介しましたが、ここではさらに、『小ぎつね』（ドイツ民謡／勝 承夫作詞）を例

61

に紹介します。この他に、『虫のこえ』や『森のくまさん』（アメリカ民謡／馬場祥弘日本語詞）等にも応用できます。扱う曲に当てはめて、ぜひアレンジに挑戦してみてください。

①代表的なリズムパターンに合わせて、メロディーの音価や拍子を変化させる

　オルガンなどのリズムマシーンに合わせて楽しく演奏しましょう。
【ワルツ：3拍子で優雅に踊る小ぎつね?!】

【サンバ：ノリノリで踊るよ！　フォックスダンス‼】

②調（長調・短調）を変化させ、曲の雰囲気を変える

　ミ、ラを白鍵左上の黒鍵に変えて弾くと、メロディーの雰囲気が変わることを伝えます。
【短調：早く春にならないかなぁ……】

【ボレロ：きつねも楽ありゃ、苦もあるさ……】

③音量や音高を変え、表現するキャラクターの特徴を変える
【僕ってビッグ？　マッスル小ぎつね】

【ちびっ子ぎつねは、すばしっこい！】

④演奏する楽器の種類を変え、音色を変える
【ハンドベル合奏：たくさんのかわいらしい小ぎつねが集まってきたよ!!】

6——
曲に「お話」を付けて演出する

　今までお話ししたようなさまざまな変奏曲をつなげていく際に、発表全体にストーリー性を持たせることも、楽しく演出する方法の一つです。以下に、2年生が『山のポルカ』（チェコ民謡／芙龍明子日本語詞／飯沼信義編曲）の歌と合奏を、音楽会で発表する際につくったお話をご紹介します。このときの発表では、体育館のステージ上で演奏する児童の他に、担任の先生にも演出に参加していただき、「山のおじさん」「通りがかりの若い女性」「山の女神様」を、体を張って（！）演じていただきました（登場人物は子どもたちのかわいらしい演技でも、もちろん可能です！）。

(山のおじさん、舞台中央に現れる)
お「あ〜っ、山で踊るって、気持ちがいいなぁ〜」
♪『山のポルカ』1番を、全員で歌う。山のおじさん踊る
お「あれ？　向こうに人がいるみたいだぞ、呼んでみよう！　やっほ〜!!」
子「やっほ〜!!」(子どもの誰か一人が応える)
お「あ、やっぱり人がいるみたいだ、行ってみよう！」
♪『山のポルカ』2番を、全員で歌う。山のおじさん歩きながら踊る
(そこに若い女性が通りかかる。山のおじさん、声を掛ける)
お「へい！　そこの彼女！　僕と一緒に（くるっと回って）踊りませんか？」

通「うわっ、ダッサ‼」
(若い女性、捨てゼリフを吐いて、避けるように立ち去る)
お「なんでなんだぁ！　僕はただ山で楽しく一緒に踊りたいだけなのにぃ……」
(ピアノのトーン・クラスター。倒れ込んでうなだれる、山のおじさん……)
♪『山のポルカ』短調バージョンを、鍵盤ハーモニカで演奏
(そこに山の妖精に扮した子どもたちを連れ、金銀のおのを持った山の女神様登場)
神「あなたが落としたのは、この金のおのですか、銀のおのですか？」
お「え？……ていうか、そんなの落としてないし」
神「うそをつきなさい！　あなたが落としたのは、金でも銀でもありませんね‼」
お「だからぁ！　落としてないっつーの‼」
神「そうですか。それでは用はありません。さようなら～」
お「ちょ、チョット待ってください。実はコレコレこういう訳で……」
神「そうですか。そんな人には、この呪文が効くでしょう。妖精たち、かけておやり！」
(妖精たち、「ハ～イ！」と言って、山のおじさんを取り囲む)
♪妖精たち『山のポルカ』をハンドベルで演奏。最後はド・ミ・ソ・ドの音でトレモロ
お「うぉ～っ！　元気になってきた‼　女神様、ありがとう！　では、ついでに一緒に踊りませんか？」
神「はい！　喜んで‼」
(山のおじさんと女神様、中央で一緒に踊る)
♪『山のポルカ』を合奏※
※鍵盤ハーモニカのメロディーに木琴、鉄琴、オルガン等を加え、大太鼓と小太鼓、タンブリンやすず、カスタネット等でリズム伴奏を行う（森の妖精たちはそのままハンドベルで演奏）。最後は、ド・ミ・ソ・ドの音を延ばしてエンディング

第 **4** 章
音楽活動を支え合う、
低学年の
「つながり」づくり

1. 学校・学級を支えるみんなの力で、楽しい授業づくりを
～他教師や保護者、地域との連携～

低学年では、担任教師が一人で音楽の授業の全てをこなすのはかなり大変だと思います。学校や学級を支えてくれる多くの人々に、助けやアドバイスをもらうといった、「授業協力体制」を整えていくことも、担任教師が楽しく音楽の授業を進めるための、大事な準備の一つです。

1―― 他の先生と上手に連携

校内には経験や個性豊かな先生が大勢いらっしゃいます。歌やピアノなどの楽器が得意な先生や、担任として音楽を教えた経験が豊富な先生もいます。逆に音楽自体に苦手意識があり、助けを求めている先生がいるかもしれません。管理職や教務主任、学年主任の先生を中心に職員室内でフランクに話せるような雰囲気をつくり、各々の個性を把握しながら、ギブ・アンド・テイクの関係で、互いの持ち味を生かして指導に当たることが大切です。音楽的な特技がある先生には、授業にゲストティーチャーとして参加してもらったり、音楽発表会でゲスト出演してもらったりするということもできるでしょう。

逆に、そのようなお願いを他の先生からされたときには、無下に断らず、自分のできる範囲で積極的にお手伝いをしましょう（このような中で生まれるさまざまな先生との「絆」は、長い教師人生の大きな糧となっていくものです）。

また、学年内に学級が複数ある場合は、担任同士で授業の進度や取り上げる楽曲を互いに確認しながら、学年内が同一歩調で授業を進めていくとよいでしょう（単学級の場合は管理職の先生や他の学年主任の先生等と相談しましょう）。

2―― 音楽主任（音楽専科）の先生と上手に連携

校内には、「音楽科主任」として、学校全体の音楽に関わる事項（授業の年間指導計画の調整、音楽室・楽器の管理、音楽会・音楽朝会などの行事の運営、音楽のクラブ活動の運営、等）を統括する立場の先生が必ずいます。大きな学校では、「音楽専科」として担任以外に音楽を専門に教える先生がいる場合もあります。こうした先生と上手に連携していくことは、自分が担任として良質な音楽の授業を行っていくために欠かすことはできません。次に挙げるようなことは、必ずこの先生とよく相談をして進めるようにしましょう。

第 4 章 ● 音楽活動を支え合う、低学年の「つながり」づくり

> ・音楽室を使用する場合の時間の調整
> ・音楽室の楽器を使用する場合の連絡、運搬の手配
> ・担任が授業をするために教室で使用する楽器（オルガン、小物打楽器等）の手配
> ・音楽会・音楽朝会等において、全校で取り上げる楽曲の扱い方（速度、担当する声部、振り付け等）についての確認

　このような立場の先生も老若男女さまざまですが、ベテランの先生であれば、その立ち振る舞いから多くを学び取るべきですし、もし若い先生であれば、上記のような担任とのつながりを担任側から伝える必要があるかもしれません。特に「音楽専科」という立場の場合、役職の特性上どうしても校内で孤立無援になりがちですので、担任の側から温かく支援してあげるとよいでしょう。

3 ——
サブティーチャーと
上手に連携

　最近は、いわゆる「小１プロブレム」等に対応するため、低学年で横断的に学級の指導にあたる「サブティーチャー」が配置されることが多くなりました。音楽の授業では、楽しく授業を進めようとすると、「楽しい＝自由」と勘違いをしてハメを外す児童が必ず現れます。そこで担任が一喝してしまうと、楽しい雰囲気が台無し、テンション急降下、なんてことにもなりかねません。
　そのような事態をなるべく避けるために、もし授業にサブティーチャーの先生が加わっていただけるようであればお願いをしましょう。

> Ｔ１＝歌のお兄さん・お姉さんのように楽しく授業を進める
> Ｔ２＝冷静に児童を観察し、個々に寄り添って評価したり指導したりする

　このような体制を築くことができればベストです。Ｔ１は担任、Ｔ２はサブティーチャーが基本になると思いますが、双方の特性（オルガンが弾ける、歌が得意、逆に苦手、等）によっては、題材・授業ごとや授業の時間内にＴ１とＴ２が入れ替わる、といった指導も考えられるでしょう。

4 ——
保護者・地域の方と
上手に連携

　学校の校区には、プロ・アマチュアを問わず、何らかの形で音楽を楽しんでいる方が必ずいるものです。こうした方々の中には、豊富な知識や卓越した演奏技能を持つ方も多くおり、この力を授業に生かさない手はありません。また、授業に保護者（父母や祖父母）や地域の方々（町会や老人会等）をお招きし、参観してもらう機会も多いかと思います。そのような機会には、ぜひその人たちにも活動に参加してもらい、音楽

67

を子どもたちと共に感じ、楽しみながら参観できる授業を計画するとよいでしょう。

【具体的な活動の例──ゲストティーチャー招聘の場合】
　ゲストティーチャーを招聘する場合は、教育効果を高めるために、年間指導計画や題材と絡めながら、お呼びする時期や内容等についてしっかり先方と打ち合わせをしてから実施することが大切です（学年内の全児童が同じ体験ができるよう、他学級との連携等、配慮が必要な場合もあります）。
・歌や楽器が得意な保護者や地域の方、あるいはグループを招聘し、演奏を鑑賞する。また、その人（たち）の本格的な演奏の中に、児童が簡単な演奏で加わる
・地域の伝統芸能の紹介をしてもらい、演奏を鑑賞したり、一緒に演奏を体験したりする

【具体的な活動の例──参観者参加の場合】
　保護者等が授業を参観に来た際に演奏等に加わってもらう場合は、参観者が負担を感じないように、その場ですぐにできるような平易な活動にするとよいでしょう。
・参観者にタンブリンやすず、木琴などといった、演奏が簡単な楽器を配り、子どもたちとセッション演奏をする
・『かえるの がっしょう』（岡本敏明作詞／ドイツ民謡）、『森のくまさん』といった、輪唱・交互唱の楽曲に、歌で加わってもらう

2. 教科を超えて、心を育む学びを目指そう!
〜他教科との連携〜

　新学習指導要領では、総則に示されている「カリキュラム・マネジメント」の中で、教科横断的な学びの大切さを明記しています。音楽も、心を育む確かな学びの実現のために、他教科と積極的に連携していくことが求められます。

1——
「道徳」との連携

　音楽と他教科との連携と聞いて、まず思い浮かぶのが「道徳」との連携だと思います。学習指導要領解説「総則編」では、道徳と音楽との関わりについて、「音楽を愛好する心情や音楽に対する感性は、美しいものや崇高なものを尊重する心につながる」「音楽科の学習指導を通して培われる豊かな情操は、道徳性の基盤を養う」「音楽で取り扱う共通教材は、我が国の伝統や文化、自然や四季の美しさや、夢や希望をもって生きることの大切さなどを含んでおり、道徳的心情の育成に資する」とあり、その親和性や関連の重要性をうたっています。素直で感性のしなやかな子どものうちに、道徳観、倫理観が育つような楽曲にたくさん出合っておくことは、その後の人格形成にも少なからず影響を与えることとなるでしょう。

　ですので、特に低学年の音楽の授業では、(時数的な余裕もあるので)できるだけたくさんの童謡や唱歌を歌ったり、親しみやすい音楽を聴いたりしておきたいものです。大切なことは、ただ歌ったり聴いたりして終わり、ではなく、教師がその楽曲の道徳的価値を簡単でもいいので語ってあげること。そして、教師自身がそのよさを感じながら、子どもたちと一緒に歌ったり、耳を澄ましたりすることです。

　また、音楽の時間は、道徳の時間に身に付けた道徳的実践力を発揮する実際の場面、という側面を持っています。曲の演奏ができるようになるために、くじけることなく努力すること、グループ、あるいは学級全体で演奏する際に、気持ちを合わせて協力し助け合いながら演奏することなど、道徳の時間だけでは育たない道徳的実践力を遺憾なく発揮できる場面が、音楽の時間では随所に用意されているのです。

2 ——
「国語」との連携

　国語の教科書で取り上げられている文学作品は、美しい景色や、登場人物の心情を、作者の巧みな「言葉の描写」によって表現しています。子どもたちはそれらの言葉からさまざまなイメージを膨らませるのですが、作品から感じ取ったことを、感想文などの「言葉」ではなく「音楽」で表すことも、優れた文学作品に触れた喜びや感じたことを表現する方法の一つであると言えます（昔話『おむすびころりん』やレオ・レオニ作『スイミー』、モンゴルの民話『スーホの白い馬』など、簡単な音楽劇の形にアレンジされ、学級や学年全員で発表できる作品もあります）。
　また逆に、音楽の授業で取り扱う歌唱曲から、文学的な価値を見いだし、国語の学びに結び付けていく、という方法も考えられます。例えば、音楽の時間に『夕やけこやけ』を情感豊かに歌った後に、国語の時間で中村雨紅がつくった他の詩に触れ、音読して味わってみる、といった活動が考えられるでしょう。「言葉」と「音楽」を結び付けるという、国語と音楽の授業ならでは、の連携によって、互いの学びをより深めることができるのです。

第4章●音楽活動を支え合う、低学年の「つながり」づくり

3 ──
「生活」との連携

生活科との連携では、動植物などの「自然」と実際に触れ合う活動と、それらをテーマにした童謡や唱歌（特に共通教材）を歌う活動とを結び付ける方法がまず考えられます。低学年で扱う童謡や唱歌に出てくる、季節感あふれる自然の景色や動植物は、生活科の活動の中でも同じ時期（季節）に取り上げるものもあり、互いの学びをリンクさせることで、自然に対する関心を高め、豊かな情感を育むことができます。

春……『ひらいたひらいた』、『春がきた』

夏……『かたつむり』、『うみ』

秋……『とんぼのめがね』（額賀誠志作詞／平井康三郎作曲）、『虫のこえ』、『夕やけこやけ』、『もみじ』（高野辰之作詞／岡野貞一作曲）

冬……『雪』（文部省唱歌）

また、生活科の中で取り上げる日本や世界の伝統的な行事（お正月、お祭り、七夕、クリスマス）や子どもたちの遊び（かくれんぼ等）も、それらにまつわる童謡や唱歌、わらべうたなどを、音楽の授業でも同じ時期に取り上げて学習し、生活科のイベント等で発表するといった活動を通して、関連付けを図ることができます。

4 ──
他教科と連携する際に気を付けたいこと

他の教科と連携を図りながら、音楽の授業を進めることは、児童をより深い学びへと誘うために大切なことですが、気を付けなければならないのは、音楽の授業ではあくまで「音楽の学び」を大切にし、「音楽」が活動の中心にならなければならない、ということです。例えば、国語や道徳と関連を図る場合、登場人物の心情を意識して音楽表現することが考えられますが、心情面を大切にしようとするあまりに、「○○さんの気持ちを考えて歌おう」などと指示をしても、子どもたちはどのように歌ったらよいか具体的な方法が分かりません。ここで重要となるのが、新学習指導要領のキーワードの一つである「音楽的な見方・考え方」です。登場人物の気持ちや場面の雰囲気を音や音楽で表すために、「音楽を形づくっている要素」に着目し、その働きを考えながら音楽表現に結び付けていく（＝音楽的な見方・考え方を働かせていく）ことが、音楽の授業では大切になるのです。先ほどの話で言えば、○○さんが悲しい気持ちなら、「暗い音色で、弱々しく歌おう」、ウキウキして楽しい気持ちなら、「明るい音色で、弾んだ感じで歌おう」という言葉を児童から引き出して音楽表現に生かしていくことが、音楽の時間における正しい活動の在り方である、と言えるでしょう。

71

3. 上級生への憧れが学校の音楽文化をつくる！
～上級生との連携～

　上級生との音楽を通した触れ合いは、「憧れ」を通して低学年の子どもたちに意欲付けをする絶好の機会です。立派に成長を遂げていく子どもたちの姿を思い浮かべながら、6年間での大きな学習の流れの中で、自分の学年で教えるべきことをしっかりと意識して、授業に臨みましょう。

1——
上級生のよいところをできるだけ褒めよう

　子どもたちが低学年のうちに、上級生の活躍する姿に「憧れ」を抱くことは、校内に伝統的な音楽文化を築いていく上でとても大切なことです。低学年を受け持つ先生は、学校全体にアンテナを張り巡らせ、積極的に上級生の音楽活動の様子を伝えたり、授業に取り入れたりしていくことで、自分の学級の子どもたちが上級生になっていくことを楽しみにできるように工夫したいものです。

　その際、教師はできるだけ上級生を「褒める」というスタンスを保つことが重要です。演奏そのものがよければ、そのよさを低学年でも分かるような言葉で伝えてあげればよいですし、演奏そのものはあまり芳しくなかったとしても、「指揮を見る目がとても真剣だったよね」とか、「姿勢がとても良くて、とってもかっこよく見えたね」など、よいところを見つけてできるだけ紹介しましょう（学年ごとに多少の個性はあったとしても、学校に音楽文化を形成していく上での「年功序列」は、上級生に憧れを持つことによる意欲付けや、後述する「上級生の意識を高める」ことにもつながるので、大切にすべきです）。

第4章●音楽活動を支え合う、低学年の「つながり」づくり

最後は「でもね、みんなの演奏もなかなかなものだよ。将来がとても楽しみ！ あんなかっこいい演奏ができる〇年生になれるといいね。きっとなれるよ！」と締めくくるとよいでしょう。

2——上級生の演奏を聴く機会をたくさんつくろう

低学年の子どもたちがよい歌声のイメージをつかんだり、質の高い合奏とはどういう演奏なのかを知ったりするためには、見本となる生の歌声や演奏を間近で聴かせるのが一番効果的です。そのために、まずは一番身近な「お手本」と成り得る、「上級生」の歌声や演奏を聴く機会を積極的につくっていきましょう。音楽会や音楽朝会など、「本番」での歌声や演奏に耳を傾けることはもちろんなのですが、そのリハーサルにお邪魔したり、本番前に教室にお招きしたりして、上級生が緊張感を持ち、真剣に音楽と向き合う様子を間近で感じられるようにすると、印象がより強く子どもたちの心に刻み込まれます。

上級生側からしてみても、このような機会は、聴く低学年側と同じぐらい教育効果があることです。初めは弟や妹たちを前にして、恥ずかしがる子どももいるかもしれませんが、それもほんの一瞬。低学年からの熱い視線と演奏後の大きな拍手を浴びたら、得意満面、鼻高々です。「ぜひ、また歌ってみたい！」「もっと上手に演奏したい！」の声が、音楽を披露する高学年の子どもたちから出るかもしれません。

上級生を招聘するにあたっては、相手の担任とよく調整し、授業時間以外でも、朝や帰りの会、休み時間などを上手に活用して、交流の場を設けるようにするとよいでしょう。

3——上級生で学んでいくこと、6年間の学びの流れを見据えた授業を

音楽活動が盛んな学校では、「この学年で、この学習内容を、このように指導すると、このような児童に育っていく」といった、6年間を見通した年間指導計画がきちんと整備されているものです。また、金管バンドや吹奏楽、合唱といったクラブ活動も、6年間の学習内容を踏まえた上で、さらに質の高い音楽を楽しみたい、と考える子どもたちのために用意されるべきものです。低学年の授業では、このような6年間の学

習の流れを踏まえ、子どもたちが上級生になって「音楽を通して成長し、活躍する姿」を見据えながら、自分たちの学年ではここまではしっかり押さえて次の学年に送り出そう、という意識を持って授業に臨むことが大切です。

例えば器楽であれば、低学年では鍵盤ハーモニカや簡単な小物打楽器を、そして中学年ではリコーダーや鍵盤打楽器を、そして高学年ではさらに和楽器やアコーディオン、電子楽器を、といったように学ぶ楽器にも系統性や広がりがあります。低学年で学ぶ鍵盤ハーモニカの学習は、将来アコーディオンや電子鍵盤楽器を演奏する上での素地になるものですし、息を吹き込んで音を出すことは、リコーダー等の吹奏楽器へと学習が広がっていきます。

このように、それぞれの領域・分野（歌唱、器楽、音楽づくり、鑑賞）ごとに、6年間でどのように学んでいくのかについてある程度把握してから、自学年の授業の計画を立てていくとよいでしょう。

4 ── 上級生の学びのために、低学年で必要なこと

中学年になると、学級担任だけではなく、音楽を専門に教える先生が授業を受け持つ場合も多いかと思います。私は現在、3年生以上の音楽を受け持つ専科教員ですが、私のような立場で低学年の先生方に「これだけは低学年で最低限できる（分かる）ようにして、中学年に上げていただけるとうれしい！」と思うことは、次のようなことです。

・音を出したり、音に集中したりする際の学習規律（そのようなことを習慣的にしてきたという事実）
・ドレミファソラシドへの理解（読譜できることではなく、「音高」そのものへの理解）
・自然で無理のない歌声（怒鳴り声や、変に「か細い」声ではなく）
・鍵盤楽器の白鍵の幹音（ドレミファソラシド）の位置
・音や音楽を聴いた後に、感じたことや思ったことを素直に表現する習慣（話すことを中心として）

これは私見ですが、「きれいな声で歌えるようになる」ことや「5本の指できちんと鍵盤ハーモニカが吹けるようになる」ことは、低学年で必ずできなければならない、ということではないと思います。むしろそれらを強制することによって、音楽に対して嫌悪感を持ち、伸びるべき芽が摘み取られて上級生になってしまう方が、高学年で音楽を担当する先生はよっぽどやりにくいのです。

一番大切なことは、技能的な部分は多少大目に見ても、「音楽は楽しいもの、素敵なもの」というイメージを低学年のうちにしっかり焼きつけてほしい、ということです。「三つ子の魂百まで」ではありませんが、子どもたちにとって、低学年での学習経験は、その後の学校教育での「音楽」という教科のイメージの根幹となります。1回1回の授業を大切に、そして丁寧に、「子どもたちの笑顔あふれる音楽の授業」を、ぜひ目指していきましょう。

4. 3年生へのスタートアップ
～中学年への準備～

　3年生に進級するにあたり、担任から専科の先生に音楽の授業をバトンタッチする学校もあるかと思います。子どもたちが自然と中学年の授業になじめるよう、今のうちに中学年の学びを想定した準備を進めておきましょう。

1── 美しい歌声への自然ないざない

　「元気よく」歌えることは、低学年においてはとても大切なことです。全く声を出さないよりは、多少音が外れていても、声を思い切り出せることが、歌唱表現の出発点になるからです。しかし、中学年ぐらいになると、さすがに「元気よく」というだけでなく、自他が「美しい」と感じる歌唱表現が必要になることが多くなります。

　子どもたちは、音楽会や朝会などで上級生の歌声を聴き、自然と「美しい歌声」とはどういう歌声なのかを知り、憧れを抱き始めます（上級生がそうした歌声を自然に出せる音楽文化が学校にあることが必要ですが……）。中学年への進級が近づいたこの時期に、上級生の仲間入りをすることを意識させ、上級生の歌声を上手に「まね」することを通して、自然と美しい歌声が出せるように導いていくことも一つの手段です。例えば、集会などで上級生が美しい歌声で、『Believe』（杉本竜一作詞・作曲）などの低学年でも歌えそうな曲を披露してくれたとします。後の授業で「同じ歌を歌ってみようか！」と投げ掛ければ、お兄さんやお姉さんが歌っていたあの曲を自分たちも歌える、という喜びもあり、子どもたちは喜んで美しい歌声をまねして歌うでしょう。そこですかさず「おっ、きれいないい声が出ているねぇ。前の2年生には出せなかったなぁ……」などと言って褒めてあげると、自分たちの歌声に自信を持ち、積極的に美しい歌声で歌うようになっていきます。

2── リコーダーへの「憧れ」を大切に

　この時期の2年生が、3年生になって始める勉強で楽しみにしているものの一つに「リコーダー」があります。音楽会などで上級生が、いとも簡単にリコーダーを操り、演奏している様子を見ながら「いつかはあんなふうに吹いてみたい……」と、憧れを持って低学年の2年間を過ごしてきた子どもも大勢いることでしょう。このような、リコーダーへの「憧れ」や「好奇心」は、中学年の音楽の授業でモチベーションを維持

していくために非常に重要であり、低学年の後半でしっかりそれらを膨らませて3年生に送り出したいものです。

【リコーダー準備のためのヒント】

・低学年における鍵盤ハーモニカ等の吹奏楽器の学習体験は、リコーダーの学習でも生かせる共通点が多いです。楽器の音を出すために息の量をコントロールすることや、タンギングをすることなどは、リコーダーでも重要なテクニックとなります。また、吹奏楽器を扱う際の決まり事（楽器のお手入れ方法や、掛け声やハンドサインなどによる教師の合図への反応等）は、あらかじめ中学年で音楽を担当する先生と打ち合わせを行い、共通化を図っておくとよいでしょう。

・2年生の間に、一度は実際にリコーダーを見せながら、楽器の簡単な説明をする時間を持つとよいでしょう。この段階で、①左手を上、右手を下にして楽器を支えること、②表裏に穴があり、上から順番にふさいでいくと音が低くなっていくこと、③三つのパーツでできており、位置を合わせる必要があること、等について話しておくと、3年生での導入がスムーズになります。

・リコーダーは2年生の終わり～3年生の始まりの間に、学校で一括して購入することが多いですが、時には個人で購入してよいか、家にあるものを使ってよいか、という問い合わせが来ることがあります。その際は、学校で用いるリコーダーが「ジャーマン式」なのか、「バロック式」なのかを明確に伝えることが大切です（両者のどちらを採用しているかは、地域や学校によって異なります。両者が混在すると、運指等が異なり指導しにくくなりますので、必ず上の学年の先生に確認をしてください）。

3 ── スムーズな読譜のための準備

　3年生になると、教科書の器楽曲の楽譜から、音符に付いている「階名」の表記がなくなります。今後は、五線と音符の符頭の位置を見て、瞬時に音高の階名を判断しなければならなくなるのです。楽譜が読めるようになることは、音楽表現のための重要な基礎能力ですが、学習の初期段階での習熟が十分でないと、読めないことがコンプレックスとなり、その後に子どもを音楽から遠ざける原因にもなりかねません。2年生のうちから少しずつ読譜のための練習を始め、3年生からの学習でもストレスなく読譜ができるようにしておきたいものです。

【読譜力を養うためのヒント】

・読譜の練習方法はさまざまあり、ハ長調の音階の位置と五線の位置を固定して覚えることには（移動ドとの関係から）賛否両論ありますが、高学年での学習内容を考えると、まずはやはりハ長調の音階の五線上の位置を覚えていくことがスタンダードであると言えるでしょう。

・鍵盤ハーモニカ等で曲を演奏する前に、階名唱をよく行いましょう。

その際、手のひらを下に向けて上下に動かし、音高を表しながら楽譜を見て歌うと、五線と音高の関係が理解しやすくなります。
・『ドレミの歌』(ハマースタインⅡ世作詞／ペギー葉山日本語詞／ロジャーズ作曲) 等を用いて、階名ごとに振り付けをして「ドレミ体操」を楽しんだり、プレゼンテーションソフトで各音の五線上の位置を提示しながら歌ったりして、楽しみながら読譜ができるよう工夫しましょう (HP「明日の音楽室」で読譜練習のPowerPointスライドをダウンロードできます)。

おわりに

　さまざまな教育改革が進められている昨今ですが、先日衝撃的な新聞記事が目に止まりました。それは、各県の小学校の教員採用試験で、音楽の実技試験が次々と廃止されている、というのです。経験の浅い先生の中には、音楽の実技の経験が乏しい中で教員となり、わらにもすがる思いで、本書を手にした方もいらっしゃるかと思います。また、そのような後輩を見るに見かねた同僚のベテランの先生が、この本を紹介してくださったこともあろうかと思います。

　しかし、本書をお読みいただいたことで、たとえオルガンやピアノが弾けなかったとしても、授業展開や形態、環境に工夫を凝らしたり、さまざまな電子楽器やＩＣＴ機器を駆使したりすることで、十分魅力ある音楽の授業をつくり出すことができることを、いくらかでもご理解いただけたかと思います（「はじめに」でも述べましたが）。大切なことは、その先生がご自身の音楽経験をもとに、いかに音楽の楽しさを伝えられるか、にかかっているのです。たとえ曲の伴奏が全てＣＤによるものだったとしても、その伴奏に合わせて先生が楽しそうに口ずさんだり、ポイントをつかんだ歌い方の工夫の発問をしたりすることによって、音楽に対する児童の受け止め方は大きく変わってきます。子どもたちの長い人生にとって、この時期に大切なことは、音楽が楽しい、ということはどういうことなのかを、先生の行動や言動から感じ取ることなのだと思います。本書を手にしていただいたことで、少しでも「楽しい音楽の授業」のイメージをつかみ、明日からの授業に生かしてみよう、というお気持ちになっていただけたなら、著者としてこれ以上の喜びはありません。

　最後に、雑誌連載時から本書の企画、出版に至るまで、私の拙い文章をまとめるためにご尽力くださった、音楽之友社の水谷早紀さん、また、普段私を支えてくださる全ての皆さまに、心より感謝を申し上げます。ありがとうございました。

2019年5月　小梨貴弘

[著者略歴]
小梨貴弘（こなし・たかひろ）

埼玉県戸田市立戸田東小学校教諭。埼玉県公立学校教員として着任後は、県内の小学校7校で20年間、学級担任、音楽専科教員として勤務。現在、音楽専科として3～6年生の音楽の授業、および吹奏楽部の顧問を担当。日々の授業や吹奏楽部の指導をこなす傍ら、ICT機器の活用やアクティブ・ラーニング、授業のユニバーサルデザイン化といった先端の教育技術の研究・開発を進める。
平成27～29年度文部科学省国立教育政策研究所実践研究協力校授業者
平成28年度戸田市優秀教員表彰
平成29年度埼玉県優秀教員（はつらつ先生）表彰
平成30年度文部科学大臣優秀教職員表彰

[音楽指導ブック]
こなっしーの
低学年だからできる！ 楽しい音楽！

2019年6月15日　第1刷発行

著 者	小梨貴弘
発行者	堀内久美雄
発行所	東京都新宿区神楽坂6-30
	郵便番号 162-8716
	株式会社　音楽之友社
	電話 03(3235)2111（代）
	振替 00170-4-196250
	https://www.ongakunotomo.co.jp/
装　幀	廣田清子 (office SunRa)
本文デザイン	橋本金夢オフィス
表紙・本文イラスト	橋本金夢オフィス
印　刷	藤原印刷（株）
製　本	（株）プロケード

©2019 by Takahiro Konashi
本書の全部または一部のコピー、スキャン、デジタル化等の無断複製は著作権法上での例外を除き禁じられています。また、購入者以外の代行業者等、第三者による本書のスキャンやデジタル化は、たとえ個人や家庭内での利用であっても著作権法上認められておりません。
ISBN978-4-276-32171-7　C1073
Printed in Japan　　　　　　　　　　　　落丁本・乱丁本はお取替えいたします。

☆ 音楽指導ブック 好評既刊 ☆

音楽之友社 音楽指導ブック

音楽の授業や指導の現場でストレートに役立つテーマ別 "虎の巻" がずらり勢揃い

**こども・からだ・おんがく
髙倉先生の授業研究ノート（DVD付き）**
髙倉弘光 著
B5判・並製・144頁　定価（本体3200円+税）
ISBN978-4-276-32167-0

**みんなが音楽を好きになる！
やすしげ先生の楽しい合唱メソード（DVD付き）**
田中安茂 著
B5判・並製・96頁　定価（本体3000円+税）
ISBN978-4-276-32169-4

唱歌で学ぶ日本音楽（DVD付き）
日本音楽の教育と研究をつなぐ会 編著／徳丸吉彦 監修
B5判・並製・128頁　定価（本体3300円+税）
ISBN978-4-276-32170-0

**聴き合う耳と響き合う声を育てる合唱指導
ポリフォニーで鍛える！（DVD付き）**
寺尾 正 著
B5判・並製・96頁　定価（本体3000円+税）
ISBN978-4-276-32164-9

歌う力を育てる！歌唱の授業づくりアイデア
丸山久代 著
B5判・並製・80頁　定価（本体2000円+税）ISBN978-4-276-32163-2

チャートでわかる！メンタルヘルスにいきる 教師の悩み相談室 子ども・保護者・同僚と「いい関係」をつくる
諸富祥彦 著
B5判・並製・112頁　定価（本体2000円+税）ISBN978-4-276-32151-9

授業のための合唱指導虎の巻
眞鍋淳一 著
B5判・並製・96頁　定価（本体2000円+税）ISBN978-4-276-32166-3

日本伝統音楽カリキュラムと授業実践 生成の原理による音楽の授業
日本学校音楽教育実践学会 編
B5判・並製・116頁　定価（本体2800円+税）ISBN978-4-276-32165-6

Q&Aと授業リポートで探る 音楽づくりの言葉がけ 表現意欲と思考を導くために
平野次郎 著
B5判・並製・96頁　定価（本体2000円+税）ISBN978-4-276-32162-5

リコーダー大好き！授業を助ける指導のポイント（CD付き）
千田鉄男 著
B5判・並製・104頁　定価（本体3200円+税）ISBN978-4-276-32150-2

クラシック名曲のワケ 音楽授業に生かすアナリーゼ
野本由紀夫 著
B5判・並製・104頁　定価（本体2300円+税）ISBN978-4-276-32159-5

音楽づくりの授業アイディア集 音楽をつくる・音楽を聴く
坪能克裕、坪能由紀子、髙須 一、熊木眞見子、中島 寿、髙倉弘光、駒久美子、味府美香 著
B5判・並製・128頁　定価（本体2400円+税）ISBN978-4-276-32149-6

子どもが輝く歌の授業
眞鍋なな子 著
B5判・並製・96頁　定価（本体2000円+税）ISBN978-4-276-32158-8

短時間でうまくなる合唱指導 迷わない！ためのアイデア
武田雅博 著
B5判・並製・136頁　定価（本体2400円+税）ISBN978-4-276-32147-2

白ひげ先生の 心に響く 歌唱指導の言葉がけ
蓮沼勇一 著
B5判・並製・112頁　定価（本体2200円+税）ISBN978-4-276-32157-1

授業がもっと楽しくなる 音楽づくりのヒント 作曲なんてへっちゃらだー！
野村 誠 著
B5判・並製・128頁　定価（本体2000円+税）ISBN978-4-276-32144-1

お悩みポイッと撃退！かおるせんせの合唱塾
坂本かおる 著
B5判・並製・96頁　定価（本体2000円+税）ISBN978-4-276-32156-4

音楽科必携！歌ってたのしい 歌唱共通教材 指導のヒント
富澤 裕 著
B5判・並製・96頁　定価（本体2000円+税）ISBN978-4-276-32153-3

授業のための 日本の音楽・世界の音楽 世界の音楽編
島崎篤子、加藤富美子 著
B5判・並製・136頁　定価（本体2400円+税）ISBN978-4-276-32155-7

歌唱・合唱指導のヒント こんなとき どうする？
富澤 裕 著
B5判・並製・112頁　定価（本体2200円+税）ISBN978-4-276-32143-4

授業のための 日本の音楽・世界の音楽 日本の音楽編
島崎篤子、加藤富美子 著
B5判・並製・136頁　定価（本体2400円+税）ISBN978-4-276-32154-0

鑑賞の授業づくりアイディア集 へ〜そ〜なの！音楽の仕組み
坪能克裕、坪能由紀子、髙須 一、熊木眞見子、中島 寿、髙倉弘光、駒久美子、味府美香 著
B5判・並製・144頁　定価（本体2400円+税）ISBN978-4-276-32142-7

ゼロからのチャレンジ はじめての合唱指導 わかりやすい理論とアイディア
椿野伸仁 著
B5判・並製・112頁　定価（本体2200円+税）ISBN978-4-276-32152-6

子どものための たのしい音遊び 伝え合い、表現する力を育む
柴田礼子 著
B5判・並製・128頁　定価（本体2000円+税）ISBN978-4-276-32141-0

〒162-8716 東京都新宿区神楽坂6-30　**音楽之友社**　TEL.03(3235)2151　FAX.03(3235)2148（営業）　http://www.ongakunotomo.co.jp/

※重版により、定価が変わる場合がございます。予め、ご了承ください。